中国語で学ぶ 中国文化基礎知識

［改訂版］

音声ダウンロード方式

中山時子 監修

楊立明

郭春貴

孟広学 著

東方書店

は じ め に

　古来、日本人は中国と密接な関係を持ち、中国の文化に対して常に憧れにも似た関心を持ちつづけてきました。新しい世紀に入り、中国への関心が一段と高まって、中国との交流を望む人がとみに増えてきています。ここで大切なことは、中国との交流を望むならば、中国文化の基礎を学んでこそ、はじめて真の意味での交流があり、成果があるのだという認識です。この『中国文化基礎知識』は、そうした人々のために、中国文化の基礎的な知識を語学の学習とともに習得し、身につけていただきたいとの願いからつくられました。

　そもそもこの初版は1986年でした。楊立明・郭春貴・孟広学の三先生によって執筆され、さまざまな分野から中国の文化を取り上げています。以来、14版を重ねたことから、多くのかたがたのお役に立てたのではないかと、一同、喜びこれにつきません。

　しかしながら、この間、中国の事情は大きく変わり、風俗もまた変化に富んでまいりました。そこで、このたび改めて新版を世に問うことになりました。改訂にあたっては，三先生にお願いし、最近の情勢を踏まえ、全面的に書き改めていただきました。特に、学習上の便宜をはかり、全体を20章に整理しなおしています。加えて、今回も年表や地図、興味深いコラムなどを幅広く取り入れました。

　中国語で中国文化を学ぶ——中国に関心のある者にとってこれほど楽しいことはありません。ぜひとも『中国文化基礎知識』を座右に置かれ、日々楽しみながら研修していただきたいものです。最後に、旧版も含めて、この書籍にかかわられた全ての人々に感謝し、また、本書が引き続き中国語学習者の礎になることを切望しております。

　　　平成14年大暑

　　　　　　　　　　　　　　　　　　　　　　　中山時子

目　次

iv

v

音声について

音声（MP3 形式）を東方書店ホームページからダウンロードできます。

① https://www.toho-shoten.co.jp/jbook/download.html にアクセス

（トップページから「音声ダウンロード」をクリックしてもアクセスできます）

② 『中国語で学ぶ中国文化基礎知識』の GO DOWNLOAD をクリック

③ 外部サイト（https://ebook-viewer.jp/）へ移動しますので、

ダウンロードキー　8023153958　を

入力して OK をクリックしてください

④ 「クリックでダウンロード開始」をクリックすると、

音声データ（MP3 形式）を ZIP 形式でダウンロードします

解凍して音楽再生ソフトなどに 取り込んでご利用ください

＊ ZIP 形式につき、スマートフォンやタブレット端末でダウンロードするには、
解凍ソフトが必要です。

カバー装画：石上陽子「西遊記」

写真提供：川床邦夫・中濱絵美

第 一 章
Dì　yī zhāng

中国 的 地理 历史
Zhōngguó de dìlǐ lìshǐ

1 中国 的 自然 环境 (一)
Zhōngguó de zìrán huánjìng (yī)

中国　位于　欧亚　大陆　的　东部，　面临　太平洋。　面积　约
Zhōngguó wèiyú Ōu-Yà dàlù de dōngbù, miànlín Tàipíngyáng. Miànji yuē

为　九百　六十　万　平方　公里，　仅　次于① 俄罗斯　和　加拿大，　居
wéi jiǔbǎi liùshí wàn píngfāng gōnglǐ, jǐn cìyú Éluósī hé Jiānádà, jū

世界　第　三　位。　由于　国土　辽阔，　气候　环境　相当　复杂。当
shìjiè dì sān wèi. Yóuyú guótǔ liáokuò, qìhòu huánjìng xiāngdāng fùzá. Dāng

北方　还　在　下雪　的　时候，南方　已经　是　一派　春光　了。
běifāng hái zài xiàxuě de shíhou, nánfāng yǐjing shì yīpài chūnguāng le.

中国　的　陆地　边界线　长　约　两　万　二千　八百　公里，
Zhōngguó de lùdì biānjièxiàn cháng yuē liǎng wàn èrqiān bābǎi gōnglǐ,

海岸线　长　达　一　万　八千　公里。东北　和　朝鲜　相邻，
hǎi'ànxiàn cháng dá yī wàn bāqiān gōnglǐ. Dōngběi hé Cháoxiān xiānglín,

东北　和　西北　跟　俄国　接壤，　北边　是　蒙古，　西边　是　阿富汗
dōngběi hé xīběi gēn Éguó jiērǎng, běibiān shì Měnggǔ, xībiān shì Āfùhàn

和　巴基斯坦，　西南　是　印度、尼泊尔　和　不丹，　南边　是　缅甸、
hé Bājīsītǎn, xīnán shì Yìndù, Níbó'ěr hé Bùdān, nánbiān shì Miǎndiàn,

老挝　和　越南。东边　和　日本　隔　海　相　望②，南边　隔着
Lǎowō hé Yuènán. Dōngbiān hé Rìběn gé hǎi xiāng wàng, nánbiān gézhe

南海，　与　菲律宾、马来西亚　和　印度尼西亚　相　邻。
Nánhǎi, yǔ Fēilǜbīn, Mǎláixīyà hé Yìndùníxīyà xiāng lín.

中国　的　地形　复杂　多样，　简单　地　说，　有　三　个　特点：
Zhōngguó de dìxíng fùzá duōyàng, jiǎndān de shuō, yǒu sān ge tèdiǎn:

一、山 多。山地 和 高原 约 占 全国 面积 的 三 分 之
Yī、shān duō. Shāndì hé gāoyuán yuē zhàn quánguó miànjī de sān fēn zhī

二。二、西 高 东 低。高山 多半 集中在 西部，越 往 东
èr. Èr、xī gāo dōng dī. Gāoshān duōbàn jízhōngzài xībù, yuè wǎng dōng

地势 越 低。三、河水 大多 自 西 向 东 流进 海洋。
dìshì yuè dī. Sān、héshuǐ dàduō zì xī xiàng dōng liújìn hǎiyáng.

中国 可以 分成 三 大 自然区： 东部 季风区、 西北
Zhōngguó kěyǐ fēnchéng sān dà zìránqū: dōngbù jìfēngqū、 xīběi

干旱区 和 青藏 高原区。 青藏 高原区 号称 "世界 屋脊"，
gānhànqū hé Qīngzàng gāoyuánqū. Qīngzàng gāoyuánqū hàochēng "shìjiè wūjǐ",

其中 珠穆朗玛峰 海拔 八千 八百 四十八 米， 是 世界 最 高
qízhōng Zhūmùlǎngmǎfēng hǎibá bāqiān bābǎi sìshíbā mǐ, shì shìjiè zuì gāo

峰。西北 地区 常年 干旱， 戈壁 沙漠 是 一 望 无 际 的
fēng. Xīběi dìqū chángnián gānhàn, Gēbì Shāmò shì yí wàng wú jì de

黄沙， 这里 连接着 著名 的 丝绸 之 路③。 东部 季风区 面积
huángshā, zhèlǐ liánjiēzhe zhùmíng de Sīchóu zhī lù. Dōngbù jìfēngqū miànjī

广阔， 温度 和 雨量 适中， 非常 适合 于 农业 生产，
guǎngkuò, wēndù hé yǔliàng shìzhōng, fēicháng shìhé yú nóngyè shēngchǎn,

向来 是 中国 经济 最 发达、 人口 最 集中 的 地方。 沿海
xiànglái shì Zhōngguó jīngjì zuì fādá、 rénkǒu zuì jízhōng de dìfang. Yánhǎi

---

●世界の七大洲●

亚洲	欧洲	非洲	北美洲
Yàzhōu	Ōuzhōu	Fēizhōu	Běiměizhōu

拉丁美洲	大洋洲	南极洲
Lādīngměizhōu	Dàyángzhōu	Nánjízhōu

地区 有 很 多 大 城市， 是 中国 经济 和 工商业 的
dìqū yǒu hěn duō dà chéngshì, shì Zhōngguó jīngjì hé gōngshāngyè de

中心。
zhōngxīn.

中国 有 两 条 大河。 北边 的 一 条， 流经 黄土
Zhōngguó yǒu liǎng tiáo dàhé. Běibiān de yì tiáo, liújīng huángtǔ

高原， 河里 的 泥沙 很 多， 水 是 黄 颜色 的， 所以 叫
gāoyuán, héli de níshā hěn duō, shuǐ shì huáng yánsè de, suǒyǐ jiào

黄河。 黄河 是 中华 文明 的 摇篮， 几 千 年来， 黄河
Huánghé. Huánghé shì Zhōnghuá wénmíng de yáolán, jǐ qiān niánlái, Huánghé

流域 一直 是 中国 政治、 经济、 文化 的 中心。
liúyù yìzhí shì Zhōngguó zhèngzhì、 jīngjì、 wénhuà de zhōngxīn.

长江 是 中国 最 大 的 河流， 它 自 西 向 东 流经
Chángjiāng shì Zhōngguó zuì dà de héliú, tā zì xī xiàng dōng liújīng

七 个 省区。 长江 上游 一带 土地 肥沃、 气候 适中。 四川
qī ge shěngqū. Chángjiāng shàngyóu yídài tǔdì féiwò、 qìhòu shìzhōng. Sìchuān

盆地， 不但 物产 丰富， 而且 风景 美丽， 人们 都 赞美 它
Péndì, búdàn wùchǎn fēngfù, érqiě fēngjǐng měilì, rénmen dōu zànměi tā

是 "天府 之 国④"。 长江 中游 有 很 多 大湖， 长江
shì "Tiānfǔ zhī guó". Chángjiāng zhōngyóu yǒu hěn duō dàhú, Chángjiāng

水 多 的 时候， 就 流进 湖 里； 水 少 的 时候， 又 流进
shuǐ duō de shíhou, jiù liújìn hú li; shuǐ shǎo de shíhou, yòu liújìn

长江。 田 里 出产 稻米， 湖 里 又 有 鱼虾， 所以 人们
Chángjiāng. Tián li chūchǎn dàomǐ, hú li yòu yǒu yúxiā, suǒyǐ rénmen

说 这里 是 "鱼 米 之 乡⑤"。 长江 入 海 以前 所 经过
shuō zhèli shì "Yú mǐ zhī xiāng". Chángjiāng rù hǎi yǐqián suǒ jīngguò

的 地方 叫 长江 三角洲。 这 一带 以 上海 为 中心，
de dìfang jiào Chángjiāng sānjiǎozhōu. Zhè yídài yǐ Shànghǎi wéi zhōngxin,

是 中国 人口 密度 最 高 的 地区， 农业 跟 工商业 都
shì Zhōngguó rénkǒu mìdù zuì gāo de dìqū, nóngyè gēn gōngshāngyè dōu

很 发达。
hěn fādá.

中国 还 有 两 条 国际 河流。 一 条 在 东北， 叫
Zhōngguó hái yǒu liǎng tiáo guójì héliú. Yì tiáo zài Dōngběi, jiào

黑龙江， 是 中国 和 俄罗斯 的 国境河。 一 条 在 西南，
Hēilóngjiāng, shì Zhōngguó hé Éluósī de guójìnghé. Yì tiáo zài xīnán,

上游 叫 澜沧江， 流经 中国 的 青海、 西藏 和 云南；
shàngyóu jiào Láncāngjiāng, liújīng Zhōngguó de Qīnghǎi、 Xīzàng hé Yúnnán;

下游 就是 著名 的 湄公河， 流经 东南亚 的 五 个 国家 ——
xiàyóu jiùshì zhùmíng de Méigōnghé, liújīng Dōngnányà de wǔ ge guójiā ——

缅甸、 老挝、 泰国、 柬埔寨 和 越南。 在 "冷战" 的 年代，
Miǎndiàn、 Lǎowō、 Tàiguó、 Jiǎnpǔzhài hé Yuènán. Zài "lěngzhàn" de niándài,

这 两 条 国际 河流 都 经历过 战火 的 洗礼；而 在 全球
zhè liǎng tiáo guójì héliú dōu jīnglìguo zhànhuǒ de xǐlǐ; ér zài quánqiú

经济 一体化 的 今天， 这 两 条 大河 又 逐渐 变成了
jīngjì yìtǐhuà de jīntiān, zhè liǎng tiáo dàhé yòu zhújiàn biànchéngle

中国人 跟 邻国 进行 友好 交往、 国境 贸易 的 大动脉。
Zhōngguórén gēn línguó jìnxíng yǒuhǎo jiāowǎng、 guójìng màoyì de dàdòngmài.

【語　句】

①仅次于～：～に比べて少し小さい（低い）。

②隔海相望：距離が非常に近いこと。間にはただ一条の海峡あるいは海で相隔たっているだけの距離。

③丝绸之路：古代、アジアを横切っていた交通路。およそ紀元前二世紀より以後千年余りの間、大量の中国の絹織物がこの路を通って西に伝わったので、「シルクロード」という。それは歴史上、ヨーロッパ、アジア、アフリカの各国と中国の友好往来を促進した。

④天府之国：豊かで美しく、まるで天国のようなところ。

⑤鱼米之乡：お米と魚類を豊かに産する富裕なところ。

【問　い】

1．请你谈谈中国的地理位置。

2．中国的面积有多大？

3．中国的陆地边界长；还是海岸线长？

4．中国有哪些邻国？

5．中国的地形有哪些特点？

6．中国可以分成哪三个自然区？

7．为什么说黄河是中华民族的摇篮？

8．为什么说长江中游是"鱼米之乡"？

9．黑龙江是中国和哪个国家的国境河？

10．澜沧江的下游流经哪些国家？

●漓江の景色

2 中国 的 自然 环境 （二）
Zhōngguó de zìrán huánjìng (èr)

中国 有 三 个 最 大 的 平原： 东北 平原、 华北
Zhōngguó yǒu sān ge zuì dà de píngyuán: Dōngběi Píngyuán、 Huáběi

平原 和 长江 中下游 平原。 长江 中下游 平原
Píngyuán hé Chángjiāng Zhōngxiàyóu Píngyuán. Chángjiāng Zhōngxiàyóu Píngyuán

气候 温暖， 雨量 充足， 盛产 稻米。 华北 平原 气候 干旱，
qìhòu wēnnuǎn, yǔliàng chōngzú, shèngchǎn dàomǐ. Huáběi Píngyuán qìhòu gānhàn,

农作物 主要 是 小麦 和 杂粮。 不 同 的 自然 环境
nóngzuòwù zhǔyào shì xiǎomài hé záliáng. Bù tóng de zìrán huánjìng

形成了 南方 和 北方 两 种 各 具 特色 的 生活 习惯。
xíngchéngle nánfāng hé běifāng liǎng zhǒng gè jù tèsè de shēnghuó xíguàn.

主食 是 "南 米 北 面"， 菜肴 的 风味 是 "南 甜 北 咸"，
Zhǔshí shì "nán mǐ běi miàn", càiyáo de fēngwèi shì "nán tián běi xián",

以往 的 交通 工具 也 是 "南 船 北 马"。 为了 改变 北方
yǐwǎng de jiāotōng gōngjù yě shì "nán chuán běi mǎ". Wèile gǎibiàn běifāng

严重 的 缺 水 问题， 中国 正在 展开 "南 水 北 调"
yánzhòng de quē shuǐ wèntí, Zhōngguó zhèngzài zhǎnkāi "nán shuǐ běi diào"

的 巨大 工程。 东北 平原 被 群山 环绕， 山 上 森林
de jùdà gōngchéng. Dōngběi Píngyuán bèi qúnshān huánrào, shān shang sēnlín

密布， 是 木材 的 主要 产地。 这里 不但 农产 丰富， 而且 是
mìbù, shì mùcái de zhǔyào chǎndì. Zhèli búdàn nóngchǎn fēngfù, érqiě shì

中国 最 大 的 工业 基地， 著名 的 "钢都" 鞍山、 "煤都"
Zhōngguó zuì dà de gōngyè jīdì, zhùmíng de "gāngdū" Ānshān、 "méidū"

7

抚顺 和 油田 大庆 都 集中在 这里。因此， 东北 是 中国
Fǔshùn hé yóutián Dàqìng dōu jízhōngzài zhèlǐ. Yīncǐ, Dōngběi shì Zhōngguó

边疆 最 富饶、最 重要 的 一 个 地区。
biānjiāng zuì fùráo、 zuì zhòngyào de yí ge dìqū.

除了 东北 以外， 中国 的 边疆 地区， 比如 内蒙古、
Chúle Dōngběi yǐwài, Zhōngguó de biānjiāng dìqū, bǐrú Nèiměnggǔ、

新疆、 西藏 等 地， 大多 是 高原 或 沙漠， 能 耕种 的
Xīnjiāng、 Xīzàng děng dì, dàduō shì gāoyuán huò shāmò, néng gēngzhòng de

农田 很 少。很 多 人 靠 畜牧 生活。 哪儿 有 水 和 草，
nóngtián hěn shǎo. Hěn duō rén kào xùmù shēnghuó. Nǎr yǒu shuǐ hé cǎo,

人们 就 去 哪儿 放牧、 生活。 有 几 句 古诗 形容 这里 的
rénmen jiù qù nǎr fàngmù、 shēnghuó. Yǒu jǐ jù gǔshī xíngróng zhèlǐ de

自然 景色 和 牧民 生活 说："天 苍苍， 野 茫茫， 风
zìrán jǐngsè hé mùmín shēnghuó shuō: "Tiān cāngcāng, yě mángmáng, fēng

吹 草 低 见 牛 羊①"。几十 个 少数 民族 生活在 辽阔
chuī cǎo dī xiàn niú yáng". Jǐshí ge shǎoshù mínzú shēnghuózài liáokuò

的 边疆 地区。他们 在 风俗、 习惯、 生活 和 语言 等
de biānjiāng dìqū. Tāmen zài fēngsú、 xíguàn、 shēnghuó hé yǔyán děng

方面 都 跟 汉族 不一样，有 的 还有 独自 的 宗教 信仰。
fāngmiàn dōu gēn Hànzú bùyíyàng, yǒu de háiyǒu dúzì de zōngjiào xìnyǎng.

因此， 处理好 各 民族 之 间 的 关系，历来 就是 中国 的 一
Yīncǐ, chǔlǐhǎo gè mínzú zhī jiān de guānxi, lìlái jiùshì Zhōngguó de yí

个 古老 而 又 全新 的 课题。
ge gǔlǎo ér yòu quánxīn de kètí.

由 渤海、 黄海、 东海 和 南海 组成 的 中国海，
Yóu Bóhǎi、 Huánghǎi、 Dōnghǎi hé Nánhǎi zǔchéng de Zhōngguóhǎi,

8

漫长 的 海岸线 上 分布着 大大小小 的 海港：天津港
mǎncháng de hǎi'ànxiàn shang fēnbùzhe dàdaxiǎoxiǎo de hǎigǎng：Tiānjīngǎng

是 首都 的 门户；大连港 和 烟台港 扼守着 渤海湾；东海
shì shǒudū de ménhù；Dàliángǎng hé Yāntáigǎng èshǒuzhe Bóhǎiwān；Dōnghǎi

之 滨 的 上海港 是 中国 最 大 的 港口；广州港
zhī bīn de Shànghǎigǎng shì Zhōngguó zuì dà de gǎngkǒu；Guǎngzhōugǎng

面对着 辽阔 的 南海，是 中国 最 早 的 对外 交通港
miànduìzhe liáokuò de Nánhǎi, shì Zhōngguó zuì zǎo de duìwài jiāotōnggǎng

之 一。
zhī yī.

中国 的 地形 是 西 高 东 低，而 人口 密度、产业 和
Zhōngguó de dìxíng shì xī gāo dōng dī, ér rénkǒu mìdù、chǎnyè hé

财富 的 分布 却 是 东 高 西 低。改革 开放 后 的 经济
cáifù de fēnbù què shì dōng gāo xī dī. Gǎigé kāifàng hòu de jīngjì

发展 使 这 一 倾向 越 来 越 突出。沿海 地区 经济 的 发展
fāzhǎn shǐ zhè yī qīngxiàng yuè lái yuè tūchū. Yánhǎi dìqū jīngjì de fāzhǎn

造成 对 自然 环境 的 威胁，而 西部 的 自然 资源 又
zàochéng duì zìrán huánjìng de wēixié, ér xībù de zìrán zīyuán yòu

等待着 开采。在 新 的 世纪 里，保护 环境 和 开发 西部 将
děngdàizhe kāicǎi. Zài xīn de shìjì li, bǎohù huánjìng hé kāifā xībù jiāng

成为 中国人 肩 上 的 两 副 重担。
chéngwéi Zhōngguórén jiān shang de liǎng fù zhòngdàn.

【語　句】

①天蒼蒼…：楽府詩集巻八十六（雑歌謡辞・歌辞）にある雑言体の歌謡、敕勒
歌の最後の三句である。敕勒歌とは、南北朝時代のトルコ系北
方遊牧民の民謡である。「敕勒川　陰山下　天似穹廬籠蓋
四野　天蒼蒼　野茫茫　風吹草低見牛羊」（敕勒の　川
は／陰山の　ふもとを　流れてる／大空は　パオのように
平原を覆い／大空は　ぬけるように　澄み渡り／平原は　果
てしなく　広がる／吹き渡る風に　草はなびき　牛や羊が
現れる——渡部英喜訳）。

【問　い】

1．中国的三大平原是哪些？

2．长江中下游的农作物和华北平原的有什么不同？

3．南方和北方的生活习惯有什么不同？

4．中国为什么要进行“南水北调”的工程？

5．为什么说东北是中国边疆最富饶，最重要的一个地方？

6．除了东北，中国边疆地区的自然环境怎么样？

7．中国的少数民族主要集中在哪儿？

8．中国海是由哪几个海组成的？

9．中国的地形和人口的分布有什么特点？

10．为什么说保护环境和开发西部是中国在新世纪里重要课题？

●内蒙古の騎馬レース

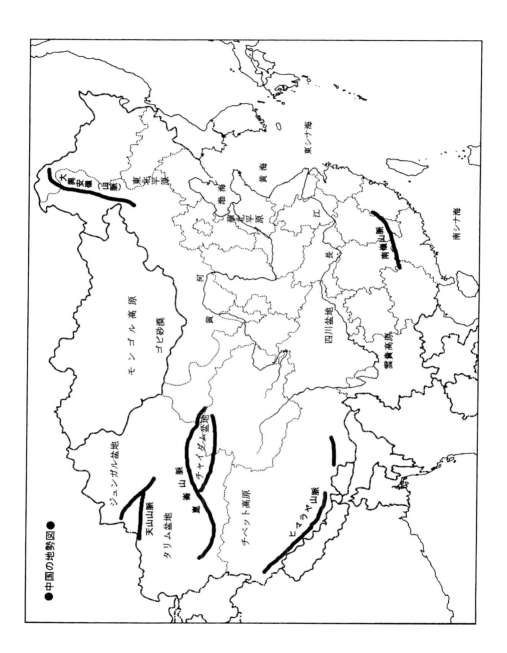

●中国の地勢図●

大興安嶺（山脈）

東北平原

渤海

黄海

東シナ海

華北平原

長江

黄河

南シナ海

モンゴル高原

ゴビ砂漠

四川盆地

雲貴高原

南嶺山脈

ジュンガル盆地

天山山脈

タリム盆地

崑崙山脈

チャイダム盆地

チベット高原

ヒマラヤ山脈

3 中国 的 行政 地区
Zhōngguó de xíngzhèng dìqū

中国 的 最 高 行政 机构 是 国务院, 相当 于 日本
Zhōngguó de zuì gāo xíngzhèng jīgòu shì Guówùyuàn, xiāngdāng yú Rìběn

的 内阁。 直属 国务院 的, 一共 有 三十二 个 行政 地区,
de nèigé. Zhíshǔ Guówùyuàn de, yígòng yǒu sānshí'èr ge xíngzhèng dìqū,

这 就是 二十三 个 省、 五 个 自治区 和 四 个 直辖市。
zhè jiùshì èrshísān ge shěng、 wǔ ge zìzhìqū hé sì ge zhíxiáshì.

四 个 直辖市 是 北京、 上海、 天津 和 重庆。 北京 是
Sì ge zhíxiáshì shì Běijīng、 Shànghǎi、 Tiānjīn hé Chóngqìng. Běijīng shì

中国 的 首都。 天津 是 首都 的 门户, 又 是 北方 最 大
Zhōngguó de shǒudū. Tiānjīn shì shǒudū de ménhù, yòu shì běifāng zuì dà

的 工商业 城市。 上海 是 中国 最 现代化 的 时尚
de gōngshāngyè chéngshì. Shànghǎi shì Zhōngguó zuì xiàndàihuà de shíshàng

都市。 重庆 最近 才 被 指定为 直辖市, 它 是 中国 人口
dūshì. Chóngqìng zuìjìn cái bèi zhǐdìngwéi zhíxiáshì, tā shì Zhōngguó rénkǒu

最 多 的 城市。
zuì duō de chéngshì.

中国 最 北边 的 省 是 黑龙江省。 以 黑龙江 和
Zhōngguó zuì běibiān de shěng shì Hēilóngjiāngshěng. Yǐ Hēilóngjiāng hé

乌苏里江 为 界, 和 俄罗斯 相 邻。 这里 受 西伯利亚 冷 空气
Wūsūlǐjiāng wéi jiè, hé Éluósī xiāng lín. Zhèli shòu Xībólìyà lěng kōngqì

的 影响, 冬季 十分 寒冷。 在 省会 哈尔滨, 每 年 春节
de yǐngxiǎng, dōngjì shífēn hánlěng. Zài shěnghuì Hā'ěrbīn, měi nián Chūnjié

前后 都 要 举行 "冰灯①" 活动, 很 像 日本 北海道 的
qiánhòu dōu yào jǔxíng "Bīngdēng" huódòng, hěn xiàng Rìběn Běihǎidào de

"雪祭"。到了 夏天, 松花江 的 风景 非常 美丽, 全国 的
"Xuějì". Dàole xiàtiān, Sōnghuājiāng de fēngjǐng fēicháng měilì, quánguó de

音乐家 都 聚集在 这里 举行 "哈尔滨 之 夏" 音乐会。由于 历史
yīnyuèjiā dōu jùjízài zhèlǐ jǔxíng "Hā'ěrbīn zhī xià" yīnyuèhuì. Yóuyú lìshǐ

上 俄国人 和 日本人 都 曾 在 哈尔滨 长期 居住过, 城市
shang Éguórén hé Rìběnrén dōu céng zài Hā'ěrbīn chángqī jūzhùguo, chéngshì

的 建筑 很 富于 国际 色彩。
de jiànzhù hěn fùyú guójì sècǎi.

中国 南部 最大 的 省 是 广东省。 这里 属于 亚热带
Zhōngguó nánbù zuì dà de shěng shì Guǎngdōngshěng. Zhèlǐ shǔyú yàrèdài

气候, 大部分 农田 都 种 双季稻。尽管 粮食 产量 很
qìhòu, dàbùfen nóngtián dōu zhòng shuāngjìdào. Jǐnguǎn liángshi chǎnliàng hěn

高, 但是 由于 人 多 地 少, 历史 上 有 不 少 人 去 海外
gāo, dànshì yóuyú rén duō dì shǎo, lìshǐ shang yǒu bù shǎo rén qù hǎiwài

谋生②。 鸦片 战争 以前, 省会 广州 是 对 外商
móushēng. Yāpiàn Zhànzhēng yǐqián, shěnghuì Guǎngzhōu shì duì wàishāng

开放 的 唯一 口岸。新 中国 成立 后 的 近 三十 年,
kāifàng de wéiyī kǒu'àn. Xīn Zhōngguó chénglì hòu de jìn sānshí nián,

广州 又 是 中国 外贸 的 唯一 窗口。改革 开放 以后,
Guǎngzhōu yòu shì Zhōngguó wàimào de wéiyī chuāngkǒu. Gǎigé kāifàng yǐhòu,

第 一 个 经济 特区 就 建在 广州 和 香港 之 间 的
dì yī ge jīngjì tèqū jiù jiànzài Guǎngzhōu hé Xiānggǎng zhī jiān de

深圳。 所有 这些 都 决 不 是 历史 的 偶然。
Shēnzhèn. Suǒyǒu zhèxiē dōu jué bú shì lìshǐ de ǒurán.

四川 是 中国 人口 最多 的 省份, 大约 有 一亿 人,
Sìchuān shì Zhōngguó rénkǒu zuì duō de shěngfèn, dàyuē yǒu yí yì rén,

几乎 和 日本 全国 的 人口 一样 多。 四川 盆地 四面 环
jīhū hé Rìběn quánguó de rénkǒu yíyàng duō. Sìchuān Péndì sìmiàn huán

山, 自然 环境 得 天 独 厚③, 是 著名 的 三国 时代 的
shān, zìrán huánjìng dé tiān dú hòu, shì zhùmíng de Sānguó shídài de

蜀国。 大 诗人 李白 形容 这里 险要 的 地势 说："蜀道 难,
Shǔguó. Dà shīrén Lǐbái xíngróng zhèli xiǎnyào de dìshì shuō: "Shǔdào nán,

难于 上 青天④"。 因此, 发生 战争 的 时候, 这里 易 守
nányú shàng qīngtiān". Yīncǐ, fāshēng zhànzhēng de shíhou, zhèli yì shǒu

难 攻。 省会 成都 保留着 许多 古代 的 遗迹。
nán gōng. Shěnghuì Chéngdū bǎoliúzhe xǔduō gǔdài de yíjī.

中国 的 自治区 都 是 少数 民族 集中 的 地区。 内蒙古
Zhōngguó de zìzhìqū dōu shì shǎoshù mínzú jízhōng de dìqū. Nèiměnggǔ

的 蒙族 居民 本来 主要 以 畜牧 为生, 很 多 人 居住在
de Měngzú jūmín běnlái zhǔyào yǐ xùmù wéishēng, hěn duō rén jūzhùzài

蒙古包 里。 这里 每 年 都 要 举行 盛大 的 赛马 活动。
Měnggǔbāo li. Zhèli měi nián dōu yào jǔxíng shèngdà de sàimǎ huódòng.

随着 经济 的 发展, 传统 的 牧民 生活 正在 面临着
Suízhe jīngjì de fāzhǎn, chuántǒng de mùmín shēnghuó zhèngzài miànlínzhe

城市化 和 沙漠化 的 挑战。
chéngshìhuà hé shāmòhuà de tiǎozhàn.

新疆 是 中国 面积 最 大 的 行政区。 一 说起 新疆,
Xīnjiāng shì Zhōngguó miànjī zuì dà de xíngzhèngqū. Yì shuōqǐ Xīnjiāng,

人们 就 会 联想到 "丝绸 之 路", 茫茫 的 沙漠, 碧绿 的
rénmen jiù huì liánxiǎngdào "Sīchóu zhī lù", mángmáng de shāmò, bìlǜ de

草原。 这里 有 丰富 的 地下 资源， 却 因为 交通 不便， 一时
cǎoyuán. Zhèli yǒu fēngfù de dìxià zīyuán, què yīnwèi jiāotōng búbiàn, yìshí

很 难 开采。 首府 乌鲁木齐 居住着 十几 种 少数 民族。 每
hěn nán kāicǎi. Shǒufǔ Wūlǔmùqí jūzhùzhe shíjǐ zhǒng shǎoshù mínzú. Měi

逢 节日， 人们 穿上 色彩 鲜艳 的 民族 服装， 简直 就
féng jiérì, rénmen chuānshàng sècǎi xiānyàn de mínzú fúzhuāng, jiǎnzhí jiù

像 是 一 个 活生生 的 民族 博物馆。
xiàng shì yí ge huóshēngshēng de mínzú bówùguǎn.

【語　句】
①冰　　灯：冬季に行なう一種の慶祝行事で、氷塊で色々な形を造り、彩り
　　　　　　のある灯火で飾り雰囲気をもりあげる。
②谋　　生：生計の道を探し求める。
③得天独厚：特別に優れた条件を具えていること。多くは人の資質あるいは
　　　　　　自然環境を指していう。
④蜀道难…：李白の詩《蜀道难》の中の一句。「蜀道之難難於上青天」（蜀へ
　　　　　　ゆく道の困難なのは青天に上るよりも困難だ——田中克己訳）。

【問　い】
1．中国的国务院相当于日本的什么机构？
2．一共有多少个行政地区直属国务院？
3．四个直辖市是哪些？
4．中国人口最多的城市是哪儿？
5．哪个省位于中国的最北边儿？
6．哈尔滨的城市建筑为什么富于国际色彩？
7．广东省为什么有很多人去海外谋生？
8．四川盆地有什么自然特色？
9．内蒙古传统的牧民生活正在面对着什么挑战？
10．中国面积最大的行政区是哪儿？

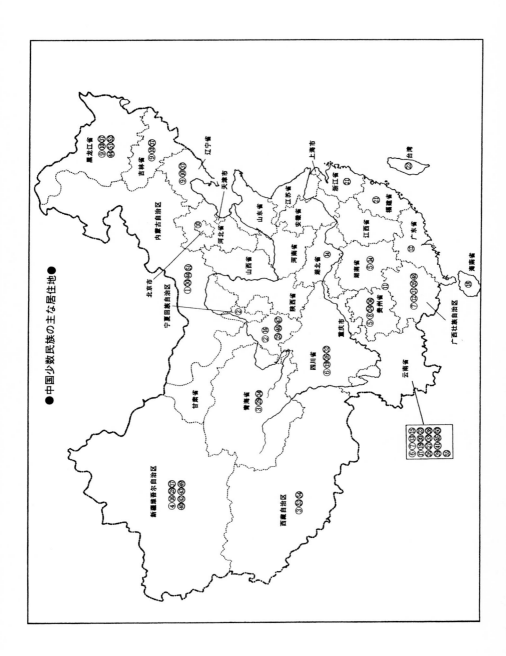

●中国少数民族の主な居住地●

黒龍江省 ⑨⑩㊱㊲㊸㊹

吉林省 ⑨⑩⑪⑳

遼寧省 ⑨⑩㊸

内蒙古自治区 ⑩

北京市 ⑪⑩㊲㊱

寧夏回族自治区 ②

河北省 ⑩

山西省

陝西省 ②⑯

天津市

山東省

江蘇省

安徽省

上海市

浙江省

湖北省 ⑩

湖南省 ⑪⑫㊳㊵㊶

江西省

福建省 ㉓

広東省 ⑪

台湾 ㉒

貴州省 ⑤⑧⑪㊴㊵

重慶市

四川省 ⑥⑲㊳㊽

甘粛省

青海省 ③㉔㊴㊽

雲南省

海南省 ⑱

広西壮族自治区 ⑦⑫㉑㉗㉙㉚

⑥⑦⑬⑭㉕
⑰⑲㉑㉒㉓
㉔㉖㉘㉚㉛
㉜㉝㉞㉟

新疆維吾爾自治区 ④⑯㉔㉕㉗㉚㉝㉜㉙

西蔵自治区 ③㉔㊽

●少数民族の主な居住地●

①蒙古	Měnggǔ	内蒙古	㉙土	Tǔ	青海
②回	Huí	寧夏・甘粛	㉚达斡尔	Dáwò'ěr	内蒙古
③藏	Zàng	西蔵・青海	㉛仫佬	Mùlǎo	広西
④维吾尔	Wéiwú'ěr	新疆	㉜羌	Qiāng	四川
⑤苗	Miáo	貴州・湖南	㉝布朗	Bùlǎng	雲南
⑥彝	Yí	四川・雲南	㉞撒拉	Sālā	青海
⑦壮	Zhuàng	広西・雲南	㉟毛南	Máonán	広西
⑧布依	Bùyī	貴州	㊱仡佬	Gēlǎo	貴州
⑨朝鲜	Cháoxiǎn	東北	㊲锡伯	Xībó	新疆・東北
⑩满	Mǎn	東北・北京	㊳阿昌	Āchāng	雲南
⑪侗	Dòng	貴州・湖南・	㊴普米	Pǔmǐ	雲南
		広西の境	㊵塔吉克	Tǎjíkè	新疆
⑫瑶	Yáo	広西・広東	㊶怒	Nù	雲南
⑬白	Bái	雲南	㊷乌孜别克	Wūzībiékè	新疆
⑭土家	Tǔjiā	湖南・湖北	㊸俄罗斯	Éluósī	新疆
⑮哈尼	Hāní	雲南	㊹鄂温克	Èwēnkè	内蒙古・黒
⑯哈萨克	Hāsàkè	新疆・甘粛			龍江
⑰傣	Dǎi	雲南	㊺德昂	Dé'áng	雲南
⑱黎	Lí	海南	㊻保安	Bǎo'ān	甘粛
⑲傈僳	Lìsù	雲南・四川	㊼裕固	Yùgù	甘粛
⑳佤	Wǎ	雲南	㊽京	Jīng	広西
㉑畲	Shē	福建・浙江	㊾塔塔尔	Tǎtǎ'ěr	新疆
㉒高山	Gāoshān	台湾	㊿独龙	Dúlóng	雲南
㉓拉祜	Lāhù	雲南	⑤鄂伦春	Èlúnchūn	内蒙古・黒
㉔水	Shuǐ	貴州			龍江
㉕东乡	Dōngxiāng	甘粛	⑤赫哲	Hèzhé	黒龍江
㉖纳西	Nàxī	雲南・四川	⑤门巴	Ménbā	西蔵
㉗景颇	Jǐngpō	雲南	⑤珞巴	Luòbā	西蔵
㉘柯尔克孜	Kē'ěrkèzī	新疆	⑤基诺	Jīnuò	雲南

4 中国 历史 （一）
Zhōngguó lìshǐ （yī）

中国 历史 上 出现 的 第 一 个 社会 形态 是 原始
Zhōngguó lìshǐ shang chūxiàn de dì yī ge shèhuì xíngtài shì yuánshǐ

社会。 距 今 大约 五十 万 年 前, "北京 猿人" 就 在
shèhuì. Jù jīn dàyuē wǔshí wàn nián qián, "Běijīng yuánrén" jiù zài

周口店 一带 的 山洞 里 生活。 他们 已经 懂得 用 火,
Zhōukǒudiàn yídài de shāndòng li shēnghuó. Tāmen yǐjing dǒngde yòng huǒ,

也 能够 制造 简单 的 工具 了。 那 时 的 猿人 大约 是 几十
yě nénggòu zhìzào jiǎndān de gōngjù le. Nà shí de yuánrén dàyuē shì jǐshí

个 人 结合在 一起, 共同 劳动, 靠 采集 和 狩猎 生活。 到
ge rén jiéhézài yìqǐ, gòngtóng láodòng, kào cǎijí hé shòuliè shēnghuó. Dào

大约 二十 万 年 前, 猿人 进化为 "古人"。 古人 摆脱了 猿人
dàyuē èrshí wàn nián qián, yuánrén jìnhuàwéi "gǔrén". Gǔrén bǎituōle yuánrén

乱婚 的 状态, 形成了 "血缘 家庭"。 距 今 约 五 万 年
luànhūn de zhuàngtài, xíngchéngle "xuèyuán jiātíng". Jù jīn yuē wǔ wàn nián

前, "古人" 又 进化为 "新人"。
qián, "gǔrén" yòu jìnhuàwéi "xīnrén".

那 时, 妇女 主持着 氏族 的 集体 家务, 还 主持着 农牧业
Nà shí, fùnǚ zhǔchízhe shìzú de jítǐ jiāwù, hái zhǔchízhe nóngmùyè

和 手工业 生产。 这 段 时期, 叫做 母系 氏族 时期。
hé shǒugōngyè shēngchǎn. Zhè duàn shíqī, jiàozuò mǔxì shìzú shíqī.

随着 生产力 的 发展, 男子 成了 生产 劳动 的 主力。
Suízhe shēngchǎnlì de fāzhǎn, nánzǐ chéngle shēngchǎn láodòng de zhǔlì.

妇女 则 主要 从事 家务 劳动，因而 逐渐 失去了 原来 的
Fùnǚ zé zhǔyào cóngshì jiāwù láodòng, yīn'ér zhújiàn shīqùle yuánlái de

社会 地位。大约 五千 多 年 前，中国 才 进入 父系 氏族
shèhuì dìwèi. Dàyuē wǔqiān duō nián qián, Zhōngguó cái jìnrù fùxì shìzú

时期。
shíqī.

父系 氏族 逐渐 发展成 一 夫 一 妻 制 的 个体 家庭。
Fùxì shìzú zhújiàn fāzhǎnchéng yì fū yì qī zhì de gètǐ jiātíng.

氏族 首领 和 一些 富有 的 家长们 开始 使役 他人 从事
Shìzú shǒulǐng hé yìxiē fùyǒu de jiāzhǎngmen kāishǐ shǐyì tārén cóngshì

劳动，把 战争 中 的 俘虏 作为 奴隶。从此，原始 社会
láodòng, bǎ zhànzhēng zhōng de fúlǔ zuòwéi núlì. Cóngcǐ, yuánshǐ shèhuì

开始 解体，出现了 自由人 和 奴隶 的 差别，逐渐 演变成了
kāishǐ jiětǐ, chūxiànle zìyóurén hé núlì de chābié, zhújiàn yǎnbiànchéngle

奴隶 社会。
núlì shèhuì.

据说 当时 在 黄河 中上游，有 一 个 强大 的 氏族
Jùshuō dāngshí zài Huánghé zhōngshàngyóu, yǒu yí ge qiángdà de shìzú

首领 黄帝，战胜了 其他 的 氏族，取得了 领袖 的 地位。
shǒulǐng Huángdì, zhànshèngle qítā de shìzú, qǔdéle lǐngxiù de dìwèi.

后世 的 汉族人 就 把 他 奉为 始祖①，至今 还 把 自己 叫做
Hòushì de Hànzúrén jiù bǎ tā fèngwéi shǐzǔ, zhìjīn hái bǎ zìjǐ jiàozuò

"黄帝 的 子孙"。人们 把 许多 原始 社会 的 发明 都 归功
"Huángdì de zǐsūn". Rénmen bǎ xǔduō yuánshǐ shèhuì de fāmíng dōu guīgōng

于 黄帝，如：兵器、乐器 等，还 说 是 黄帝 的 妻子 发明了
yú Huángdì, rú: bīngqì、yuèqì děng, hái shuō shì Huángdì de qīzi fāmíngle

养 蚕 和 缫 丝②。
yǎng cán hé sāo sī.

后来, 又 产生了 以 尧 为 首领 的 氏族 联盟。 尧
Hòulái, yòu chǎnshēngle yǐ Yáo wéi shǒulǐng de shìzú liánméng. Yáo

老 了, 就 把 权利 让给了 能干 的 舜, 舜 老 了, 又 让位给
lǎo le, jiù bǎ quánlì rànggěile nénggàn de Shùn, Shùn lǎo le, yòu ràngwèigěi

禹。 这 种 作法, 保留了 氏族 公社 的 民主 特色, 叫做
Yǔ. Zhè zhǒng zuòfǎ, bǎoliúle shìzú gōngshè de mínzhǔ tèsè, jiàozuò

"禅让"。 禹 治理了 水害, 把 全国 划分成 九 个 州, 建立了
"shànràng". Yǔ zhìlǐle shuǐhài, bǎ quánguó huàfēnchéng jiǔ ge zhōu, jiànlìle

●中国歴代年表●

夏	Xià	B.C. 2205-1766
商	Shāng	B.C. 1766-1122
周	Zhōu	B.C. 1122-770
春秋	Chūnqiū	B.C. 770-476
战国	Zhànguó	B.C. 476-221
秦	Qín	B.C. 221-206
汉	Hàn	B.C. 206-A.D. 220
三国	Sānguó	A.D. 220-265
晋	Jìn	A.D. 265-420
南北朝	Nánběicháo	A.D. 420-589
隋	Suí	A.D. 589-618
唐	Táng	A.D. 618-907
五代十国	Wǔdài Shíguó	A.D. 907-960
宋	Sòng	A.D. 960-1280
元	Yuán	A.D. 1280-1368
明	Míng	A.D. 1368-1644
洪武	Hóngwǔ	A.D. 1368-1399
建文	Jiànwén	A.D. 1399-1403
永乐	Yǒnglè	A.D. 1403-1425
洪熙	Hóngxī	A.D. 1425-1426
宣德	Xuāndé	A.D. 1426-1436

夏　　王朝。　禹　已经　成为　名　符　其　实③　的　国王　了。　虽然
Xià　wángcháo.　Yǔ　yǐjing　chéngwéi　míng　fú　qí　shí　de　guówáng　le.　Suīrán

禹　照过去　的　方法，　推举　伯益　做　他　的　继承人，　但是　他　死
Yǔ　zhàoguòqù　de　fāngfǎ,　tuījǔ　Bóyì　zuò　tā　de　jìchéngrén,　dànshì　tā　sǐ

后，　他　的　儿子　就　杀死　伯益，　自己　做了　国王。　从此，　中国
hòu,　tā　de　érzi　jiù　shāsǐ　Bóyì,　zìjǐ　zuòle　guówáng.　Cóngcǐ,　Zhōngguó

就　形成了　一　种　世袭　王位　的　制度。
jiù　xíngchéngle　yì　zhǒng　shìxí　wángwèi　de　zhìdù.

　　商　的　氏族　首领　汤　战胜了　夏，　建立了　商朝。　那
　　Shāng　de　shìzú　shǒulǐng　Tāng　zhànshèngle　Xià,　jiànlìle　Shāngcháo.　Nà

	正统	Zhèngtǒng	A.D. 1436-1450
	景泰	Jǐngtài	A.D. 1450-1457
	天顺	Tiānshùn	A.D. 1457-1465
	成化	Chénghuà	A.D. 1465-1488
	弘治	Hóngzhì	A.D. 1488-1506
	正德	Zhèngdé	A.D. 1506-1522
	嘉靖	Jiājìng	A.D. 1522-1567
	隆庆	Lóngqìng	A.D. 1567-1573
	万历	Wànlì	A.D. 1573-1620
	泰昌	Tàichāng	A.D. 1620-1621
	天启	Tiānqǐ	A.D. 1621-1628
	崇祯	Chóngzhēn	A.D. 1628-1644
清		Qīng	A.D. 1644-1911
	顺治	Shùnzhì	A.D. 1644-1662
	康熙	Kāngxī	A.D. 1662-1723
	雍正	Yōngzhèng	A.D. 1723-1736
	乾隆	Qiánlóng	A.D. 1736-1796
	嘉庆	Jiāqìng	A.D. 1796-1821
	道光	Dàoguāng	A.D. 1821-1851
	咸丰	Xiánfēng	A.D. 1851-1862
	同治	Tóngzhì	A.D. 1862-1875
	光绪	Guāngxù	A.D. 1875-1908
	宣统	Xuāntǒng	A.D. 1908-1911

时 的 手工业 非常 发达, 制造出 非常 精美 的 青铜器,
shí de shǒugōngyè fēicháng fādá, zhìzàochū fēicháng jīngměi de qīngtóngqì,

也 开始 知道 用 铁 了。
yě kāishǐ zhīdao yòng tiě le.

商朝 末年, 周 文王 起兵 伐 商。 他 的 儿子 武王
Shāngcháo mònián, Zhōu Wénwáng qǐbīng fá Shāng. Tā de érzi Wǔwáng

把 商朝 灭 了, 和 文王 的 另 一 个 儿子 周公, 奠定④了
bǎ Shāngcháo miè le, hé Wénwáng de lìng yí ge érzi Zhōugōng, diàndìngle

周朝 的 基础。 周朝 是 中国 历史 上 最 长 的 王朝,
Zhōucháo de jīchǔ. Zhōucháo shì Zhōngguó lìshǐ shang zuì cháng de wángcháo,

国土 也 比 以前 大 多 了。 周 天子 把 土地 封给 自己 的
guótǔ yě bǐ yǐqián dà duō le. Zhōu tiānzǐ bǎ tǔdì fēnggěi zìjǐ de

亲属 和 其他 贵族, 形成了 许多 诸侯。 东周 的 头 三百
qīnshǔ hé qítā guìzú, xíngchéngle xǔduō zhūhóu. Dōngzhōu de tóu sānbǎi

年, 历史 上 叫做 "春秋 时代"。 这 是 个 "百 家 争 鸣"
nián, lìshǐ shang jiàozuò "Chūnqiū shídài". Zhè shì ge "bǎi jiā zhēng míng"

的 时代, 出现了 许多 伟大 的 思想家, 孔子 就是 其中 之 一。
de shídài, chūxiànle xǔduō wěidà de sīxiǎngjiā, Kǒngzǐ jiùshì qízhōng zhī yī.

●左より堯・舜・禹

后来, 诸侯 的 势力 越 来 越 强, 互相 兼并⑤, 最后
Hòulái, zhūhóu de shìlì yuè lái yuè qiáng, hùxiāng jiānbìng, zuìhòu

形成了 七 个 大 诸侯国, 在 历史 上 叫做 "战国 时代".
xíngchéngle qī ge dà zhūhóuguó, zài lìshǐ shang jiàozuò "Zhànguó shídài".

七 国 之 中 最 强 的 秦国 灭了 其他 六 国。 秦 始皇
Qī guó zhī zhōng zuì qiáng de Qínguó mièle qítā liù guó. Qín Shǐhuáng

统一 中国, 设立 郡县制, 建立了 第 一 个 中央 集权 的
tǒngyī Zhōngguó, shèlì jùnxiànzhì, jiànlìle dì yī ge zhōngyāng jíquán de

封建 王朝。
fēngjiàn wángcháo.

【語　句】

①奉为始祖：ある人をうやうやしく開祖であるとする。
②缫　丝：蚕の繭を湯につけて生糸を引き出す。
③名副其实：名称あるいは名声が実際と一致している。
④奠　定：しっかり固めて安定させる。
⑤兼　并：他国の領土を自分の国に合併する。

【問　い】

1．中国历史上的第一个社会形态是什么？
2．在母系氏族时期，妇女担任什么社会事物？
3．从什么时候起进入父系氏族时期？
4．原始社会为什么会演变成奴隶社会？
5．中国人为什么把自己叫做"黄帝的子孙"？
6．中国从什么时候开始世袭王位？
7．商朝的手工业发达，已经能制造什么产品了？
8．中国历史上最长的王朝是哪个朝代？
9．为什么说"春秋时代"是一个"百家争鸣"的时代？
10．秦朝是一个什么样的王朝？

5 中国 历史 （二）
Zhōngguó lìshǐ （èr）

刘　邦　推翻了　秦朝，　创建了　长　达　四百　年　之久　的
Liú Bāng tuīfānle Qíncháo, chuàngjiànle cháng dá sìbǎi nián zhī jiǔ de

汉　王朝。　汉朝　初期，　由于　长年　战乱，　到处　是　一片
Hàn wángcháo. Hàncháo chūqī, yóuyú chángnián zhànluàn, dàochù shì yípiàn

残破　景象。　刘　邦　总结了　秦朝　失败　的　教训，　实行了　"与
cánpò jǐngxiàng. Liú Bāng zǒngjiéle Qíncháo shībài de jiàoxun, shíxíngle "yǔ

民　休息①"　的　新　政策，　大力　发展　生产，　减轻　人民　负担。
mín xiūxi" de xīn zhèngcè, dàlì fāzhǎn shēngchǎn, jiǎnqīng rénmín fùdān.

仅仅　六、七十　年　的　时间，　就　出现了　前　所　未　有②　的　繁荣，
Jǐnjǐn liù、 qīshí nián de shíjiān, jiù chūxiànle qián suǒ wèi yǒu de fánróng,

人口　也　比　战国　时代　增加了　一　倍　多。　汉朝　推崇③　儒家
rénkǒu yě bǐ Zhànguó shídài zēngjiāle yí bèi duō. Hàncháo tuīchóng rújiā

思想，　繁荣了　文化　艺术。　靠　雄厚　的　经济　实力，　加强了　对
sīxiǎng, fánróngle wénhuà yìshù. Kào xiónghòu de jīngjì shílì, jiāqiángle duì

边远　地区　的　管辖，　扩大了　同　外国　的　交往　范围。　汉朝
biānyuǎn dìqū de guǎnxiá, kuòdàle tóng wàiguó de jiāowǎng fànwéi. Hàncháo

末年，　出现了　魏、蜀、吴　三　国　鼎立④　的　局面，　也　就是　有名
mònián, chūxiànle Wèi、 Shǔ、 Wú sān guó dǐnglì de júmiàn, yě jiùshì yǒumíng

的　"三国　时代"。　统一　的　中国　又　分裂　了。　直到　五八九　年
de "Sānguó shídài". Tǒngyī de Zhōngguó yòu fēnliè le. Zhídào wǔbājiǔ nián

的　隋朝，　中国　才　重新　统一。　不过　隋朝　只　过了　二十九
de Suícháo, Zhōngguó cái chóngxīn tǒngyī. Búguò Suícháo zhǐ guòle èrshíjiǔ

● 鴻門の宴（漢代の画像石より）

年　就　被　唐朝　取　而　代　之⑤　了。
nián jiù bèi Tángcháo qǔ ér dài zhī le.

唐朝　一共　持续了　二百　八十九　年，　最　强盛　的　时候，
Tángcháo yígòng chíxùle èrbǎi bāshíjiǔ nián, zuì qiángshèng de shíhou,

势力　范围　西　到　波斯　各　国，　东　达　高丽　和　日本，　南　伸
shìlì fànwéi xī dào Bōsī gè guó, dōng dá Gāolì hé Rìběn, nán shēn

南洋　各　岛。　中外　交流　越　来　越　频繁，　其中　最　有名
nányáng gè dǎo. Zhōngwài jiāoliú yuè lái yuè pínfán, qízhōng zuì yǒumíng

的　就是　"唐僧　取　经"　和　"鉴真　东　渡"。　名僧　玄奘，
de jiùshì "Tángsēng qǔ jīng" hé "Jiànzhēn dōng dù". Míngsēng Xuánzàng,

去　印度　求　经。历尽　千　辛　万　苦，途经　十几　个　国家。回国
qù Yìndù qiú jīng. Lìjìn qiān xīn wàn kǔ, tújīng shíjǐ ge guójiā. Huíguó

时　带回　佛经　六百　多　部，　并　翻译了　七十四　部。　鉴真　和尚
shí dàihuí fójīng liùbǎi duō bù, bìng fānyìle qīshísì bù. Jiànzhēn héshàng

经过　十几　年　的　艰辛，六　次　出海，最后　在　双　目　失明
jīngguò shíjǐ nián de jiānxīn, liù cì chūhǎi, zuìhòu zài shuāng mù shīmíng

的　情况　下，　终于　到达　日本。除了　佛教　外，他　还　把　中国
de qíngkuàng xià, zhōngyú dàodá Rìběn. Chúle fójiào wài, tā hái bǎ Zhōngguó

的　医药　和　建筑　技术　带到了　日本。
de yīyào hé jiànzhù jìshù dàidàole Rìběn.

唐朝　　　以后，　　中国　　经过　　五代　　十国　　的　　分裂，　　直到
Tángcháo　yǐhòu,　Zhōngguó　jīngguò　Wǔdài　Shíguó　de　fēnliè,　zhídào

宋朝，　　才　又　统一。　然而，　　宋朝　　受到　　边疆　　民族　辽　和
Sòngcháo,　cái　yòu　tǒngyī.　Rán'ér,　Sòngcháo　shòudào　biānjiāng　mínzú　Liáo　hé

西夏　的　侵扰，　国家　很　弱，　最后　连　首都　都　丢　了，　只好
Xīxià　de　qīnrǎo,　guójiā　hěn　ruò,　zuìhòu　lián　shǒudū　dōu　diū　le,　zhǐhǎo

迁都到　南方　的　杭州，　在　历史　上　叫　"南宋"。　一二六〇
qiāndūdào　nánfāng　de　Hángzhōu,　zài　lìshǐ　shang　jiào　"Nánsòng".　Yī'èrliùlíng

年，　蒙古人　灭了　宋朝，　建立了　元朝。　元朝　势力　很　大，
nián,　Měnggǔrén　mièle　Sòngcháo,　jiànlìle　Yuáncháo.　Yuáncháo　shìlì　hěn　dà,

曾经　打到　俄国　和　意大利。　可是　元朝　的　历史　却　很　短暂，
céngjīng　dǎdào　Éguó　hé　Yìdàlì.　Kěshì　Yuáncháo　de　lìshǐ　què　hěn　duǎnzàn,

只　有　一百　多　年。
zhǐ　yǒu　yībǎi　duō　nián.

朱　元璋　率领　军队　推翻了　元朝，　建立了　明朝。
Zhū　Yuánzhāng　shuàilǐng　jūnduì　tuīfānle　Yuáncháo,　jiànlìle　Míngcháo.

明朝　初年，　政府　一面　鼓励　生产，　一面　加强了　中央
Míngcháo　chūnián,　zhèngfǔ　yímiàn　gǔlì　shēngchǎn,　yímiàn　jiāqiángle　zhōngyāng

集权　的　专制　统治。　到了　明朝　中叶，　农业　和　手工业　的
jíquán　de　zhuānzhì　tǒngzhì.　Dàole　Míngcháo　zhōngyè,　nóngyè　hé　shǒugōngyè　de

生产　水平　都　超过了　前代。　十五　世纪　初，　明　成祖　曾
shēngchǎn　shuǐpíng　dōu　chāoguòle　qiándài.　Shíwǔ　shìjì　chū,　Míng　Chéngzǔ　céng

先后　七　次　派　郑　和　率领　船队　出海　远洋，　其中　一
xiānhòu　qī　cì　pài　Zhèng　Hé　shuàilǐng　chuánduì　chūhǎi　yuǎnyáng,　qízhōng　yí

次，　"宝船"　多　达　六十二　艘。　游历了　三十　多　个　国家，　最
cì,　"bǎochuán"　duō　dá　liùshí'èr　sōu.　Yóulìle　sānshí　duō　ge　guójiā,　zuì

远 到达过 非洲 的 东海岸。
yuǎn dàodáguo Fēizhōu de Dōnghǎi'àn.

明朝 末年， 政治 腐败， 发生了 大规模 的 农民 起义。
Míngcháo mònián, zhèngzhì fǔbài, fāshēngle dàguīmó de nóngmín qǐyì.

满族人 趁机 把 明朝 灭 了， 建立了 清朝。 满族人 开始
Mǎnzúrén chènjī bǎ Míngcháo miè le, jiànlìle Qīngcháo. Mǎnzúrén kāishǐ

统治 中国 时 热心 学习 汉族 的 文化， 吸收 汉族人 参加
tǒngzhì Zhōngguó shí rèxīn xuéxí Hànzú de wénhuà, xīshōu Hànzúrén cānjiā

政权， 在 政治 上 相当 成功。 可是 到了 晚 清， 由于
zhèngquán, zài zhèngzhì shang xiāngdāng chénggōng. Kěshì dàole wǎn Qīng, yóuyú

政府 腐败， 加上 列强 的 侵略， 国势 越 来 越 弱。 在
zhèngfǔ fǔbài, jiāshàng lièqiáng de qīnlüè, guóshì yuè lái yuè ruò. Zài

一八四〇 年 的 "鸦片 战争" 中， 中国 被 英国 打败，
yībāsìlíng nián de "Yāpiàn Zhànzhēng" zhōng, Zhōngguó bèi Yīngguó dǎbài,

拉开了 列强 瓜分 中国 的 序幕。 清朝 光绪 年间， 一些
lākāile lièqiáng guāfēn Zhōngguó de xùmù. Qīngcháo Guāngxù niánjiān, yìxiē

知识 分子 和 开明 官僚 想 学习 西方 国家 的 长处， 在
zhīshi fēnzǐ hé kāimíng guānliáo xiǎng xuéxí xīfāng guójiā de chángchù, zài

皇帝 的 支持 下， 发动了 维新 政变。 但 由于 他们 势力 太
huángdì de zhīchí xià, fādòngle wéixīn zhèngbiàn. Dàn yóuyú tāmen shìlì tài

小， 维新 只 持续了 一百 多 天， 就 被 保守派 扼杀⑥ 了。
xiǎo, wéixīn zhǐ chíxùle yìbǎi duō tiān, jiù bèi bǎoshǒupài èshā le.

几 千 年 的 封建 王朝 走上了 末路， 一 个 新 时代
Jǐ qiān nián de fēngjiàn wángcháo zǒushàngle mòlù, yí ge xīn shídài

即将 到来。
jíjiāng dàolái.

【語　句】

①与民休息：出典は《汉书昭帝纪赞》で、「軽繇薄賦、与民休息」（戦国の世
　　　　　　を経て疲弊した人民のために賦役を軽減し、民とともに休息す
　　　　　　る）より引用。

②前所未有：今までに出現したことがない。

③推　　崇：非常に重んずる。

④三国鼎立：三国が天下を分割してちょうど三本の脚が鼎の本体を支えて
　　　　　　いるようである。

⑤取而代之：ある事物によってほかの事物と代える。

⑥扼　　杀：圧制、虐待してあるものを生存あるいは発展できなくする。

【問　い】

1．汉朝为什么会出现前所未有的繁荣？

2．汉朝末年，出现了什么样的局面？

3．隋朝被哪个朝代取而代之？

4．“唐僧取经”是怎么一回事？

5．“鉴真东渡”建立了什么业绩？

6．宋朝为什么迁都到杭州？

7．元朝的势力曾经扩张到什么地方？

8．郑和的船队游历了多少国家？

9．“鸦片战争”发生在哪一年？

10．“戊戌维新”为什么失败了？

6 中 日 交流史
Zhōng Rì jiāoliúshǐ

中 日 两 国 是 一 衣 带 水① 的 邻邦， 两 国 人民
Zhōng Rì liǎng guó shì yī yī dài shuǐ de línbāng, liǎng guó rénmín

在 两 千 年 的 友好 交往 中， 结下了 深厚 的 友谊。
zài liǎngqiān nián de yǒuhǎo jiāowǎng zhōng, jiéxiàle shēnhòu de yǒuyì.

早 在 公元前 二、三 世纪， 在 航海 条件 极其 困难
Zǎo zài gōngyuánqián èr、 sān shìjì, zài hánghǎi tiáojiàn jíqí kùnnan

的 情况 下， 中国人 就 以 原始 的 交通 工具， 通过
de qíngkuàng xià, Zhōngguórén jiù yǐ yuánshǐ de jiāotōng gōngjù, tōngguò

日本海 的 自然 航路 把 中国 文化 带到了 日本。
Rìběnhǎi de zìrán hánglù bǎ Zhōngguó wénhuà dàidàole Rìběn.

到了 隋 唐 时代， 日本 派遣了 大量 留学生 到 中国
Dàole Suí Táng shídài, Rìběn pàiqiǎnle dàliàng liúxuéshēng dào Zhōngguó

留学。 这些 留学生 大多 是 "求 佛教" 的 "学问僧"， 但是
liúxué. Zhèxiē liúxuéshēng dàduō shì "qiú fójiào" de "xuéwènsēng", dànshì

他们 求学 的 范围 却 远远 超出了 佛教。 从 中国
tāmen qiúxué de fànwéi què yuǎnyuǎn chāochūle fójiào. Cóng Zhōngguó

传统 的 儒学， 直到 文学、 法律、 天文、 医药， 他们 都 刻苦
chuántǒng de rúxué, zhídào wénxué、 fǎlǜ、 tiānwén、 yīyào, tāmen dōu kèkǔ

钻研。 留学 年限 一般 都 相当 长， 有的 人 甚至 遗骨
zuānyán. Liúxué niánxiàn yìbān dōu xiāngdāng cháng, yǒude rén shènzhì yígǔ

他乡②。 在 这些 留学生 中， 晁 衡 （阿倍 仲麻吕）、 大和
tāxiāng. Zài zhèxiē liúxuéshēng zhōng, Cháo Héng （Ābèi Zhòngmálǚ）、 Dàhé

长冈 等 人 都 是 留名 史册③ 的 人物。 晁 衡 以 优异
Chánggāng děng rén dōu shì liúmíng shǐcè de rénwù. Cháo Héng yǐ yōuyì

的 成绩 毕业 于 太学 后， 在 大 唐 朝廷 供职。 大和 长冈
de chéngjì bìyè yú tàixué hòu, zài Dà Táng cháotíng gòngzhí. Dàhé Chánggāng

研究 法律， 回 日本 后 删定了 律令。 许多 留学生 回国 时，
yánjiū fǎlǜ, huí Rìběn hòu shāndìngle lǜlìng. Xǔduō liúxuéshēng huíguó shí,

带回了 大量 的 经典、 碑帖 和 诗集， 唐代 的 佛教 艺术 也
dàihuíle dàliàng de jīngdiǎn, bēitiè hé shījí, Tángdài de fójiào yìshù yě

跟 他们 一起 传到了 日本。
gēn tāmen yìqǐ chuándàole Rìběn.

公元 十二 世纪， 由于 日本 政府 奖励 商人 和 南宋
Gōngyuán shí'èr shìjì, yóuyú Rìběn zhèngfǔ jiǎnglì shāngrén hé Nánsòng

贸易， 两 国 贸易 迎来了 一 个 新 高潮。 但是 到了 十三 世纪
màoyì, liǎng guó màoyì yíngláile yí ge xīn gāocháo. Dànshì dàole shísān shìjì

后叶， 元朝 和 日本 关系 恶化， 商船 往来 近乎 绝迹。
hòuyè, Yuáncháo hé Rìběn guānxi èhuà, shāngchuán wǎnglái jìnhū juéjì.

明 清 两 代， 中 日 交流 不仅 再次 恢复， 而且 规模 也
Míng Qīng liǎng dài, Zhōng Rì jiāoliú bùjǐn zàicì huīfù, érqiě guīmó yě

超越了 前代。 明代 铜钱 大量 输入 日本， 促进了 日本 的
chāoyuèle qiándài. Míngdài tóngqián dàliàng shūrù Rìběn, cùjìnle Rìběn de

货币 经济 发展。 日本 也 把 一般 工业品 及 大量 的 铜 和
huòbì jīngjì fāzhǎn. Rìběn yě bǎ yìbān gōngyèpǐn jí dàliàng de tóng hé

硫磺 出口到 中国。
liúhuáng chūkǒudào Zhōngguó.

在 中 日 交流 二千 多 年 的 历史 长河 中， 除了
Zài Zhōng Rì jiāoliú èrqiān duō nián de lìshǐ chánghé zhōng, chúle

发生过 几 次 不幸 的 战争 以外, 两 国 一向 是 和睦
fāshēngguo jǐ cì búxìng de zhànzhēng yǐwài, liǎng guó yíxiàng shì hémù

相处④ 的。历史 上, 日本 曾经 学习过 中国 的 古代 文化,
xiāngchǔ de. Lìshǐ shang, Rìběn céngjīng xuéxíguo Zhōngguó de gǔdài wénhuà,

而 近年来, 日本 先进 的 科学 技术 和 经济 援助 也 对 中国
ér jìnniánlái, Rìběn xiānjìn de kēxué jìshù hé jīngjì yuánzhù yě duì Zhōngguó

的 现代化 产生了 巨大 的 影响。
de xiàndàihuà chǎnshēngle jùdà de yǐngxiǎng.

一九七二 年 中 日 邦交 正常化, 使 两 国 的 友好
Yījiǔqī'èr nián Zhōng Rì bāngjiāo zhèngchánghuà, shǐ liǎng guó de yǒuhǎo

关系 迎来了 一 个 新 局面。二〇〇二 年 恰好 是 邦交
guānxi yínglái le yí ge xīn júmiàn. Èrlínglíng'èr nián qiàhǎo shì bāngjiāo

正常化 三十 周年。三十 年 间, 双边 贸易额 增长了
zhèngchánghuà sānshí zhōunián. Sānshí nián jiān, shuāngbiān màoyì'é zēngzhǎngle

七 倍, 日本 已 成为 中国 最 大 的 贸易 伙伴。人员 交流
qī bèi, Rìběn yǐ chéngwéi Zhōngguó zuì dà de màoyì huǒbàn. Rényuán jiāoliú

也 从 当初 的 每 年 不 足 一 万 人 猛增到 一百 八十
yě cóng dāngchū de měi nián bù zú yí wàn rén měngzēngdào yìbǎi bāshí

万。
wàn.

中国 京剧 来 日本, 成功 地 实现了 和 日本 的 歌舞伎
Zhōngguó jīngjù lái Rìběn, chénggōng de shíxiànle hé Rìběn de gēwǔjì

同 台 共 演; 吉本 新喜剧 在 上海 的 公演, 也 赢得了
tóng tái gòng yǎn; Jíběn xīnxǐjù zài Shànghǎi de gōngyǎn, yě yíngdéle

中国 观众 由衷 的 欢笑。
Zhōngguó guānzhòng yóuzhōng de huānxiào.

这　种　与　日　俱　增　的　经济　合作、艺术　交流　和　人员
Zhè　zhǒng　yǔ　Rì　jù　zēng　de　jīngjì　hézuò、yìshù　jiāoliú　hé　rényuán

往来，必　将　给　两　国　的　政治　关系　奠定　良好　的　基础，
wǎnglái，bì　jiāng　gěi　liǎng　guó　de　zhèngzhì　guānxi　diàndìng　liánghǎo　de　jīchǔ，

也　一定　会　造福　于　子孙　后代。
yě　yídìng　huì　zàofú　yú　zǐsūn　hòudài.

【語　句】

①一衣带水：一本の帯のような狭い水による隔たり。距離がとても近いこと。

②遗骨他乡：外地で死んで異郷に埋葬される。

③留名史册：著名な業績が歴史書に記載される。

④和睦相处：関係が融和して平和である。

【問　い】

1．中日交流最早发生在什么时候？

2．日本在什么时代派遣大批留学生去中国？

3．这些留学生回国时把什么带回了故乡？

4．元朝和日本的关系怎么样？

5．明清两代，两国交流的规模如何？

6．近年来，日本在哪些方面对中国的现代化产生了影响？

7．中日邦交正常化至今已经过了多少年？

8．中国最大的贸易伙伴是哪儿？

9．请你简单地介绍一下两国的艺术交流。

10．中日两国友好关系的基础是什么？

第 二 章
Dì èr zhāng

中国 的 文化
Zhōngguó de wénhuà

7　中国　语言　与　文字
Zhōngguó yǔyán yǔ wénzì

一般　日本人　所　说　的　"中国语"，　是　指　占　全　中国
Yìbān Rìběnrén suǒ shuō de "Zhōngguóyǔ", shì zhǐ zhàn quán Zhōngguó

人口　百　分　之　九十四　以上　的　汉族　所　使用　的　语言 ——
rénkǒu bǎi fēn zhi jiǔshísì yǐshàng de Hànzú suǒ shǐyòng de yǔyán ——

汉语。　一般　中国人　说　"汉语"　或　"中国话"，　不　说
Hànyǔ. Yìbān Zhōngguórén shuō "Hànyǔ" huò "Zhōngguóhuà", bù shuō

"中国语"。
"Zhōngguóyǔ".

汉语　是　用　汉字　记述　的。　日语　里　的　汉字　正　是　从
Hànyǔ shì yòng Hànzì jìshù de. Rìyǔ li de Hànzì zhèng shì cóng

中国　传入　的，　所以　日本人　对　汉语　可以　说　有　一　种
Zhōngguó chuánrù de, suǒyǐ Rìběnrén duì Hànyǔ kěyǐ shuō yǒu yì zhǒng

特别　的　亲近感，　学习起来　也　比　其他　国家　的　人　方便。
tèbié de qīnjìngǎn, xuéxíqǐlái yě bǐ qítā guójiā de rén fāngbiàn.

中国　汉字　的　起源　传说　很　多，不过　一般　学者　都
Zhōngguó Hànzì de qǐyuán chuánshuō hěn duō, búguò yìbān xuézhě dōu

认为　中国　正式　有　文字　是　在　商朝，　那　是　因为
rènwéi Zhōngguó zhèngshì yǒu wénzì shì zài Shāngcháo, nà shì yīnwèi

考古学家们　在　出土　的　商朝　龟甲　和　兽骨　上　发现了　最
kǎogǔxuéjiāmen zài chūtǔ de Shāngcháo guījiǎ hé shòugǔ shang fāxiànle zuì

早　的　汉字 —— 甲骨　文字①。
zǎo de Hànzì —— jiǎgǔ wénzì.

虽然 全国 各 地 的 汉语 都 用 汉字 记述，但 其 发音
Suīrán quánguó gè dì de Hànyǔ dōu yòng Hànzì jìshù, dàn qí fāyīn

却 因 各 地区 而 异。 通常 按 发音 的 不 同， 可以 分为
què yīn gè dìqū ér yì. Tōngcháng àn fāyīn de bù tóng, kěyǐ fēnwéi

六 大 方言②： ① 北方 方言③、 ② 吴 方言④、 ③ 湘
liù dà fāngyán: Yī Běifāng fāngyán、 èr Wú fāngyán、 sān Xiāng

方言⑤、 ④ 粤 方言⑥、 ⑤ 闽 方言⑦、 ⑥ 客 赣 方言⑧。
fāngyán、 sì Yuè fāngyán、 wǔ Mǐn fāngyán、 liù Kè Gàn fāngyán.

在 这 六 大 方言 之 中， 以 北方 方言 使用 人口
Zài zhè liù dà fāngyán zhī zhōng, yǐ Běifāng fāngyán shǐyòng rénkǒu

最 多， 占 使用 汉语 人口 的 百 分 之 七十 以上。 主要
zuì duō, zhàn shǐyòng Hànyǔ rénkǒu de bǎi fēn zhī qīshí yǐshàng. Zhǔyào

分布在 中国 北部、 中部、 西北部、 西南部 等 汉族 居住 的
fēnbùzài Zhōngguó běibù、 zhōngbù、 xīběibù、 xīnánbù děng Hànzú jūzhù de

广大 地区， 占 汉语 分布 地区 的 四 分 之 三 强。
guǎngdà dìqū, zhàn Hànyǔ fēnbù dìqū de sì fēn zhī sān qiáng.

其他 方言 大都 分布在 长江 以南 地区， 使用 人口 虽
Qítā fāngyán dàdōu fēnbùzài Chángjiāng yǐnán dìqū, shǐyòng rénkǒu suī

不 多， 但 因为 各 方言 都 很 复杂， 内部 分岐 较 大， 造成
bù duō, dàn yīnwèi gè fāngyán dōu hěn fùzá, nèibù fēnqí jiào dà, zàochéng

相互 间 交流 的 诸多 不便。
xiānghù jiān jiāoliú de zhūduō búbiàn.

一九四九 年 中华 人民 共和国 成立 后， 立刻 把 汉语
Yìjiǔsìjiǔ nián Zhōnghuá Rénmín Gònghéguó chénglì hòu, lìkè bǎ Hànyǔ

规范化 作为 重要 工作 之 一。 一九五五 年 召开了 "汉语
guīfànhuà zuòwéi zhòngyào gōngzuò zhī yī. Yìjiǔwǔwǔ nián zhàokāile "Hànyǔ

规范化 学术 会议"， 决定 在 全国 推广 汉族 共同 语言
guīfànhuà xuéshù huìyì", juédìng zài quánguó tuīguǎng Hànzú gòngtóng yǔyán

—— 普通话。 普通话 以 北京 语音、 北方话 词汇 为 基础， 以
—— pǔtōnghuà. Pǔtōnghuà yǐ Běijīng yǔyīn、 Běifānghuà cíhuì wéi jīchǔ, yǐ

典范 的 现代 白话文 为 语法 规范。
diǎnfàn de xiàndài báihuàwén wéi yǔfǎ guīfàn.

另 一 方面， 因为 汉字 繁多， 结构 复杂， 没有 字母， 学习
Lìng yī fāngmiàn, yīnwèi Hànzì fánduō, jiégòu fùzá, méiyǒu zìmǔ, xuéxí

困难。 所以 一九五二 年 成立了 文字 改革 研究 委员会， 研究
kùnnan. Suǒyǐ yījiǔwǔ'èr nián chénglìle wénzì gǎigé yánjiū wěiyuánhuì, yánjiū

简化 汉字 和 拼音 方案。 一九五六 年 公布了 《汉字 简化
jiǎnhuà Hànzì hé pīnyīn fāng'àn. Yījiǔwǔliù nián gōngbùle 《Hànzì jiǎnhuà

方案》， 把 一 部分 复杂 的 "繁体字" 简化为 "简体字"， 又 称
fāng'àn》, bǎ yī bùfen fùzá de "fántǐzì" jiǎnhuàwéi "jiǎntǐzì", yòu chēng

"简化字"。 一九五七 年 又 公布了 《汉语 拼音 方案》， 决定
"jiǎnhuàzì". Yījiǔwǔqī nián yòu gōngbùle 《Hànyǔ pīnyīn fāng'àn》, juédìng

采用 拉丁 字母 注音， 附加 声调 符号。 这样， 汉语 拼音
cǎiyòng Lādīng zìmǔ zhùyīn, fùjiā shēngdiào fúhào. Zhèyang, Hànyǔ pīnyīn

就 成为了 学习 汉语， 推广 普通话 的 有力 工具。
jiù chéngwéile xuéxí Hànyǔ, tuīguǎng pǔtōnghuà de yǒulì gōngjù.

汉语 主要 有 几 个 特点： 一、 汉字 基本上 是 一 字 一
Hànyǔ zhǔyào yǒu jǐ ge tèdiǎn: Yī、 Hànzì jīběnshang shì yī zì yī

音， 每 个 音节 大都 有 各自 的 意思。 二、 汉语 有 严格 的
yīn, měi ge yīnjié dàdōu yǒu gèzì de yìsi. Èr、 Hànyǔ yǒu yángé de

四声 区别， 每 个 声调 都 有 不 同 的 意思。 三、 汉语
sìshēng qūbié, měi ge shēngdiào dōu yǒu bù tóng de yìsi. Sān、 Hànyǔ

里　没有　时态　表达　形式，也　没有　语尾　的　变化，但　语序
li　měiyǒu　shítài　biǎodá　xíngshì，yě　měiyǒu　yǔwěi　de　biànhuà，dàn　yǔxù

相当　严格。掌握好　这些　特点，对　学习　汉语　是　很　有
xiāngdāng　yángé. Zhǎngwòhǎo　zhèxiē　tèdiǎn，duì　xuéxí　Hànyǔ　shì　hěn　yǒu

帮助　的。
bāngzhù　de.

【語　句】

①甲骨文字："甲骨文"ともいう。亀甲、獣骨に刻まれた文字の略称。1899年
　　　　　　河南安陽の小屯村で発見された3千年あまり前の商朝の文字
　　　　　　であり、中国で現在見ることができる最古の文字。内容は祭
　　　　　　祀、災害、天候などに関するものである。

②六大方言：中国語の方言は複雑で五大方言、七大方言という説もあるが、
　　　　　　一般には八大方言といわれている。すなわち北方語、呉語、湘
　　　　　　語、贛語、粤語、閩南語、閩北語、客家語である。ただし方言
　　　　　　の調査はまだあらゆる方面に及んではいないので、ここではす
　　　　　　でにある方言資料によって六大方言に分けた。(《语言学百题》
　　　　　　p.166 上海教育出版社　1983)

③北方方言：揚子江の北部、また中国の中部、西南部の漢民族が使用する方
　　　　　　言。回族や満族の大部分も使用する。かつて「官話」と称さ
　　　　　　れ、"普通话"の基礎になった。

④呉　方　言：一般には江浙語といわれ、上海語がその代表である。主に江蘇
　　　　　　南部、浙江の大部分地区と上海市に分布している。

⑤湘　方　言：一般には湖南語といわれ、長沙語と双峰語がその代表である。
　　　　　　湖南の大部分の地区に分布している。

⑥粤　方　言：一般には広東語といわれ、広州語がその代表である。広東中
　　　　　　部、西南部と広西東南部、ホンコン・マカオ地区に分布して
　　　　　　いる。

⑦閩　方　言：一般には福建語といわれ、福州語、廈門語がその代表である。
　　　　　　福建、台湾の大部分の地区、広東の潮汕、海南島地区、浙江南

部に分布している。

⑧客贛方言：一般には客家語と江西語といわれ、梅県語と南昌語をもって代表とする。江西の大部分の地区、広東東部、北部、福建西部、北部、および湖北、広西、台湾、湖南、四川の一部の地区に分布している。

【問 い】

1．日本人所说的"中国语"，一般中国人说什么？
2．汉语的表达形式是什么？
3．学者们一般认为中国文字是创始于哪个朝代？
4．中国最早的文字叫什么文字？
5．一九五五年以前，中国汉字的发音全国各地一样吗？
6．汉语可以分为几种方言？
7．这几种方言中，哪一种使用得最广泛？
8．这几种方言的发音都大同小异吗？
9．一九五五年召开的"汉语规范化学术会议"有什么决定？
10．什么是"普通话"？为什么要推广"普通话"？
11．"普通话"是以什么话为基础的？
12．《汉字简化方案》是什么时候公布的？
13．什么是《汉语拼音方案》？
14．《汉语拼音方案》是什么时候公布的？
15．汉语有些什么特色？

●中国の方言地図●

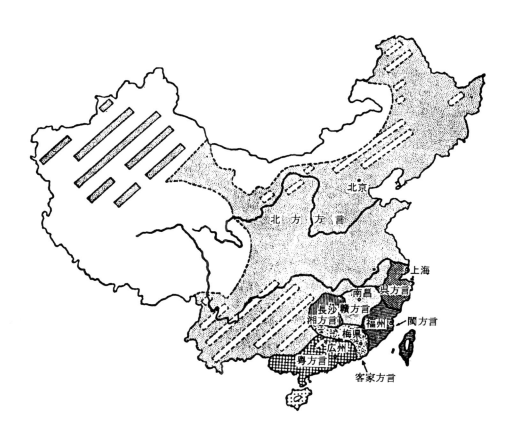

北京

北 方 方 言

上海

南昌 呉方言

長沙 贛方言

湘方言 福州 閩方言

梅県

広州

粤方言

客家方言

詹伯慧《現代汉语方言》より

8 中国 文学 的 特色
Zhōngguó wénxué de tèsè

在 中国 各 种 艺术 之 中， 毫无 疑问 的， 以 文学
Zài Zhōngguó gè zhǒng yìshù zhī zhōng, háowú yíwèn de, yǐ wénxué

最 能 反映 中国 民俗 风情、 社会 面貌。 在 五千 年
zuì néng fǎnyìng Zhōngguó mínsú fēngqíng、 shèhuì miànmào. Zài wǔqiān nián

悠久 的 历史 中， 每 个 朝代 的 社会 背景、 文化 生活、
yōujiǔ de lìshǐ zhōng, měi ge cháodài de shèhuì bèijǐng、 wénhuà shēnghuó、

风俗 民情 都 在 一部部 文学 作品 中， 多 姿 多 彩① 地
fēngsú mínqíng dōu zài yíbùbù wénxué zuòpǐn zhōng, duō zī duō cǎi de

反映出来。 要 探索 中国 文化 的 精神， 研究 其 发展 历史
fǎnyìngchūlái. Yào tànsuǒ Zhōngguó wénhuà de jīngshén, yánjiū qí fāzhǎn lìshǐ

的 话， 阅读 中国 文学 作品， 了解 其 文学 特色 是 不 可
de huà, yuèdú Zhōngguó wénxué zuòpǐn, liǎojiě qí wénxué tèsè shì bù kě

缺少 的。
quēshǎo de.

中国 文学 究竟 有 什么 特色 呢？ 这 不 是 三 言 两
Zhōngguó wénxué jiūjìng yǒu shénme tèsè ne? Zhè bú shì sān yán liǎng

语② 所 能 回答 的 问题， 我们 只 能 简单 地 从 形式
yǔ suǒ néng huídá de wèntí, wǒmen zhǐ néng jiǎndān de cóng xíngshì

和 内容 上 来 谈谈。
hé nèiróng shang lái tántan.

在 形式 方面， 中国 文学 有 以下 两 大 特色： 第
Zài xíngshì fāngmiàn, Zhōngguó wénxué yǒu yǐxià liǎng dà tèsè: Dì

一、 中国 传统 文学 是 以 诗歌 为 中心， 而 小说 的
yī、 Zhōngguó chuántǒng wénxué shì yǐ shīgē wéi zhōngxīn, ér xiǎoshuō de

发展 则 比较 晚。 从 公元前 一千 年 左右 的 周朝 一直
fāzhǎn zé bǐjiào wǎn. Cóng gōngyuánqián yìqiān nián zuǒyòu de Zhōucháo yìzhí

到 近代 清朝， 文坛 上 都 是 重视 诗歌， 看不起 小说。
dào jìndài Qīngcháo, wéntán shang dōu shì zhòngshì shīgē, kànbuqǐ xiǎoshuō.

唐 宋 时期， 诗 词 都 是 科举 考试③ 的 主要 科目， 小说
Táng Sòng shíqī, shī cí dōu shì kējǔ kǎoshì de zhǔyào kēmù, xiǎoshuō

仅仅 是 供 人 消遣 的 读物。到了 明朝 以后， 它 才 渐渐
jǐnjǐn shì gōng rén xiāoqiǎn de dúwù. Dàole Míngcháo yǐhòu, tā cái jiànjiàn

成为 文人 创作 的 文学 作品。
chéngwéi wénrén chuàngzuò de wénxué zuòpǐn.

第 二、 中国 的 诗歌 大多 是 抒发 自己 感情 的 抒情
Dì èr、 Zhōngguó de shīgē dàduō shì shūfā zìjǐ gǎnqíng de shūqíng

短诗， 或者 是 描写 自然 景物 的 短小 诗篇。很 少 有
duǎnshī, huòzhě shì miáoxiě zìrán jǐngwù de duǎnxiǎo shīpiān. Hěn shǎo yǒu

像 希腊 神话 中 那 种 叙事 长诗。这 也 是 造成
xiàng Xīlà shénhuà zhōng nà zhǒng xùshì chángshī. Zhè yě shì zàochéng

小说 发展 较 晚 的 原因 之 一。
xiǎoshuō fāzhǎn jiào wǎn de yuányīn zhī yī.

在 内容 方面， 中国 文学 也 有 两 大 特色：第一、
Zài nèiróng fāngmiàn, Zhōngguó wénxué yě yǒu liǎng dà tèsè: Dì yī、

重视 追求 人 与 人， 人 与 社会 的 关系。因此 可以 说
zhòngshì zhuīqiú rén yǔ rén, rén yǔ shèhuì de guānxi. Yīncǐ kěyǐ shuō

中国 文学 富于 现实 主义 和 浪漫 主义④ 色彩。
Zhōngguó wénxué fùyú xiànshí zhǔyì hé làngmàn zhǔyì sècǎi.

第二、比较 客观 地 描写 自然 景物。"诗 中 有 画，
Dì èr、 bǐjiào kèguān de miáoxiě zìrán jǐngwù. "Shī zhōng yǒu huà,

画 中 有 诗"⑤ 正 说明了 中国 文学 这 种 在 自然
huà zhōng yǒu shī" zhèng shuōmíngle Zhōngguó wénxué zhè zhǒng zài zìrán

中 发现 美 的 特色。
zhōng fāxiàn měi de tèsè.

当然 文学 作品 是 随着 时代 及 社会 的 变迁 而 有
Dāngrán wénxué zuòpǐn shì suízhe shídài jí shèhuì de biànqiān ér yǒu

所 改变 的。 中国 文学 也 是 随着 时代 的 变迁， 从 抒发
suǒ gǎibiàn de. Zhōngguó wénxué yě shì suízhe shídài de biànqiān, cóng shūfā

感情 和 描写 自然 的 诗 词 发展到 重视 情节、 描写 人物
gǎnqíng hé miáoxiě zìrán de shī cí fāzhǎndào zhòngshì qíngjié、 miáoxiě rénwù

的 小说 及 戏剧。 不过， 不管 哪个 时代 的 文学 作品， 都
de xiǎoshuō jí xìjù. Búguò, bùguǎn nǎge shídài de wénxué zuòpǐn, dōu

仍然 可以 看出 中国 文学 的 基本 特色。
réngrán kěyǐ kànchū Zhōngguó wénxué de jīběn tèsè.

42

【語　句】

①多姿多彩：多種多様、さまざまの形。

②三言两语：一言二言で簡単に言うこと、多くは否定の形に用いる。"不是三言两语能说清"（一言二言で、はっきり言えることではない）など。

③科举考试：中国の隋朝以後、各王朝は試験を設け官吏選抜の制度を作った。科に分けて士を取ったので、科挙制度という。清の光緒三十一年（1905年）学校教育を推進し、科挙制度を廃止した。

④浪漫主义：文学芸術の基本創作手法の一つ。作家、芸術家が一定の世界観の下に、現実生活をもって基礎とし、理想とする形に拠って芸術形象を造り社会生活を反映した創作方法。

⑤诗中有画、画中有诗：詩の中から一幅の画を見出すことができ、また画の中から詩境を感受できることを指す。

【問　い】

1．在中国各种艺术之中，哪种最能反映中国的民俗风情、社会面貌？

2．要探索中国文化的精神，研究其发展历史，必须阅读什么书籍？

3．阅读中国文学作品，了解中国文学的特色，有什么好处？

4．中国传统文学是以什么文学形式为中心的？

5．中国传统文学里，小说的地位怎么样？

6．中国文学里的小说，到什么时候才受到重视？

7．中国唐宋后的科举考试，主要的考试科目是什么？

8．中国的诗歌大多是抒情诗还是叙事诗？

9．中国的诗歌一般比较长还是比较短？

10．中国的诗歌主要是些什么内容的诗歌？

11．中国文学的内容主要重视什么问题？

12．中国文人主要站在什么立场来进行文学创作的？

13．"诗中有画，画中有诗"这句话说明了中国文学的什么特色？

14．为什么说中国文学富于现实主义和浪漫主义色彩？

15．中国文学描写自然景物的手法比较主观还是客观？

9 中国 的 韵文 与 散文
Zhōngguó de yùnwén yǔ sǎnwén

中国 的 文学 主要 是 沿着 韵文 和 散文 这 两 大
Zhōngguó de wénxué zhǔyào shì yánzhe yùnwén hé sǎnwén zhè liǎng dà

主流 发展起来 的。 韵文 发展为 诗、 词、 曲、 赋 等 文学
zhǔliú fāzhǎnqǐlái de. Yùnwén fāzhǎnwéi shī、 cí、 qǔ、 fù děng wénxué

形式; 散文 则 发展为 神话、 小说、 戏剧 等 文学 形式。
xíngshì; sǎnwén zé fāzhǎnwéi shénhuà、 xiǎoshuō、 xìjù děng wénxué xíngshì.

中国 最 早 的 韵文 可以 说 是 诗歌。《诗经》① 正
Zhōngguó zuì zǎo de yùnwén kěyǐ shuō shì shīgē.《Shījīng》 zhèng

是 中国 最 早 的 一 部 诗歌 总集。 它 收集了 周代 民间
shì Zhōngguó zuì zǎo de yí bù shīgē zǒngjí. Tā shōujíle Zhōudài mínjiān

与 官府 流传 的 优美 诗歌, 生动 反映了 当时 社会 的
yǔ guānfǔ liúchuán de yōuměi shīgē, shēngdòng fǎnyìngle dāngshí shèhuì de

面貌, 是 后人 研究 上古 社会 不 可 少 的 资料。
miànmào, shì hòurén yánjiū shànggǔ shèhuì bù kě shǎo de zīliào.

到了 战国 时代, 诗歌 由 短诗 形式 的《诗经》 发展到
Dàole Zhànguó shídài, shīgē yóu duǎnshī xíngshì de《Shījīng》 fāzhǎndào

长诗 形式 的《楚辞》②。 之 后, 中国 诗歌 就 在《诗经》 和
chángshī xíngshì de《Chǔcí》. Zhī hòu, Zhōngguó shīgē jiù zài《Shījīng》 hé

《楚辞》 的 影响 下, 多 姿 多 彩 地 发展起来。
《Chǔcí》 de yǐngxiǎng xià, duō zī duō cǎi de fāzhǎnqǐlái.

在 汉代 发展为 注重 词藻 文采③ 的 "赋"④ 和 内容
Zài Hàndài fāzhǎnwéi zhùzhòng cízǎo wéncǎi de "fù" hé nèiróng

●左より李白・杜甫・白居易

丰富 的 五言诗、七言诗 及 长短 不 齐 的 乐府诗⑤。
fēngfù de wǔyánshī、qīyánshī jí chángduǎn bù qí de yuèfǔshī.

到了 唐代, 诗歌 更 得到 大力 的 提倡 和 鼓励, 因而
Dàole Tángdài, shīgē gèng dédào dàlì de tíchàng hé gǔlì, yīn'ér

发展到 最 高 峰。除了 已 有 的 五言 七言 诗 和 乐府诗 以外,
fāzhǎndào zuì gāo fēng. Chúle yǐ yǒu de wǔyán qīyán shī hé yuèfǔshī yǐwài,

还 创造了 新 的 律诗 绝句⑥。 当时 出现了 许多 杰出 的 大
hái chuàngzàole xīn de lǜshī juéjù. Dāngshí chūxiànle xǔduō jiéchū de dà

诗人, 如 李 白、杜 甫、王 维、白 居易 等。
shīrén, rú Lǐ Bái、Dù Fǔ、Wáng Wéi、Bái Jūyì děng.

诗歌 到了 宋代, 发展为 另 一 种 按 乐谱 的 调子 填写
Shīgē dàole Sòngdài, fāzhǎnwéi lìng yì zhǒng àn yuèpǔ de diàozi tiánxiě

的 歌词, 叫做 "词"。到了 元代, 又 发展为 描写 人物 故事
de gēcí, jiàozuò "cí". Dàole Yuándài, yòu fāzhǎnwéi miáoxiě rénwù gùshi

的 "散曲"⑦, 供 一些 艺人 演唱。散曲 后来 渐渐 发展为 戏曲
de "sǎnqǔ", gōng yìxiē yìrén yǎnchàng. Sǎnqǔ hòulái jiànjiàn fāzhǎnwéi xìqǔ

杂剧, 成为 今日 戏剧 的 嚆矢⑧。
zájù, chéngwéi jīnrì xìjù de hāoshǐ.

至于 中国 散文, 也 随着 时代 的 变化 而 发展起来。最
Zhìyú Zhōngguó sǎnwén, yě suízhe shídài de biànhuà ér fāzhǎnqǐlái. Zuì

早 的 散文集 是 商代 的 《尚书》⑨, 它 收集了 商代 的 一些
zǎo de sǎnwénjí shì Shāngdài de 《Shàngshū》, tā shōujíle Shāngdài de yìxiē

历史 文件 和 历史 事迹。到了 春秋 战国, 散文 发展为 诸子
lìshǐ wénjiàn hé lìshǐ shìjì. Dàole Chūnqiū Zhànguó, sǎnwén fāzhǎnwéi zhūzǐ

哲理 散文 和 历史 散文。 前者 以 《论语》《孟子》《庄子》 为
zhélǐ sǎnwén hé lìshǐ sǎnwén. Qiánzhě yǐ 《Lúnyǔ》《Mèngzǐ》《Zhuāngzǐ》 wéi

代表, 后者 以 《春秋》⑩ 《左传》⑪ 《公羊传》⑫ 最 为 著名。
dàibiǎo, hòuzhě yǐ 《Chūnqiū》 《Zuǒzhuàn》 《Gōngyángzhuàn》 zuì wéi zhùmíng.

到了 汉代, 文学 的 主流 虽 是 韵文, 但 散文 依然 占有
Dàole Hàndài, wénxué de zhǔliú suī shì yùnwén, dàn sǎnwén yīrán zhànyǒu

不 可 忽视 的 地位。司马 迁 的 《史记》 和 班 固 的 《汉书》
bù kě hūshì de dìwèi. Sīmǎ Qiān de 《Shǐjì》 hé Bān Gù de 《Hànshū》

都 是 很 杰出 的 历史 散文。
dōu shì hěn jiéchū de lìshǐ sǎnwén.

唐 宋 时代 虽然 特别 重视 诗 词, 可是 散文 也 有了
Táng Sòng shídài suīrán tèbié zhòngshì shī cí, kěshì sǎnwén yě yǒule

新 的 发展。从 六朝 的 骈体文⑬ 发展为 注重 内容 的
xīn de fāzhǎn. Cóng Liùcháo de piántǐwén fāzhǎnwéi zhùzhòng nèiróng de

散文。唐 宋 古文 八大家⑭ 的 优秀 散文 都 是 为 后人
sǎnwén. Táng Sòng gǔwén bādàjiā de yōuxiù sǎnwén dōu shì wéi hòurén

传诵 的 作品。而且 那 时 的 散文 已 为 小说 发展 开辟了
chuánsòng de zuòpǐn. Érqiě nà shí de sǎnwén yǐ wéi xiǎoshuō fāzhǎn kāipìle

道路。
dàolù.

到了　明　清　时代，复古　散文　和　新体　散文　的　对立，又
Dàole　Míng　Qīng　shídài,　fùgǔ　sānwén　hé　xīntǐ　sānwén　de　duìlì,　yòu

促进了　散文　的　新　发展。同时　小说　也　渐　趋　成熟。著名
cùjìnle　sānwén　de　xīn　fāzhǎn.　Tóngshí　xiǎoshuō　yě　jiàn　qū　chéngshú.　Zhùmíng

的　《水浒传》、　《三国　演义》、《西游记》、　《红楼梦》　都　是　用
de　《Shuǐhǔzhuàn》、　《Sānguó　yǎnyì》、　《Xīyóujì》、　《Hónglóumèng》　dōu　shì　yòng

优美　的　散文　写出来　的　小说。
yōuměi　de　sānwén　xiěchūlái　de　xiǎoshuō.

五四　运动　后　的　新文学　里，韵文　又　发展为　新　的
Wǔsì　yùndòng　hòu　de　xīnwénxué　li,　yùnwén　yòu　fāzhǎnwéi　xīn　de

白话诗，散文　则　发展为　新　的　杂文　和　小品文，开拓了　新　的
báihuàshī,　sānwén　zé　fāzhǎnwéi　xīn　de　záwén　hé　xiǎopǐnwén,　kāituòle　xīn　de

文学　创作　道路。
wénxué　chuàngzuò　dàolù.

【語　句】

① 《诗　经》：中国で最も早い時期の詩集。もとは単に《诗》といったが、の
　　　　　　ち儒家が経典として奉じ、《诗经》と改称、西周初年から春秋中
　　　　　　葉まで約五百年間の詩歌三百五編が収められている。風、雅、
　　　　　　頌の三種類に分かれる。"风"は多くは民間歌謡、"雅"は多く
　　　　　　は貴族の作品、"颂"は宮廷作品が多い。

② 《楚　辞》：戦国時代、楚国の屈原、宋玉等の詩人が、民間歌謡を基礎とし
　　　　　　て比較的長い詩体を創造し、《诗经》の四言を主とする格調を打
　　　　　　破した。"楚辞"という名称は西漢時代に出現したものである。
　　　　　　西漢成帝の時、劉向は命を受けて古書を整理し、屈原、宋玉等
　　　　　　の作品を集めて一集とし、題名を《楚辞》とした。これによ
　　　　　　り、"楚辞"は書物の固有な名称となった。

③ 词藻文采：詩文中の言葉が巧みで美しいこと、文章の風格が優美なことを
　　　　　　いう。

④賦　　　：文体名。先秦の詩歌から派生した一種の文体で、漢代までに一
　　　　　つの特定の体制を形成、文彩韻節を重んじ、詩歌散文の性質を
　　　　　兼ねている。

⑤乐 府 诗：楽府は元来、秦朝の音楽を掌る役所。漢の武帝の時、楽府は職
　　　　　務を拡げ朝廷での朝会・宴席や皇帝の巡行の折の音楽を掌り、
　　　　　民間の詩歌楽曲の採集を兼ねた。以後、採集した詩歌を楽府詩
　　　　　と称した。

⑥律诗绝句：律詩と絶句はともに近体詩である。南北朝に起こり唐初に至っ
　　　　　て成熟した。律詩は八句からなり、二句ずつの一組を聯とい
　　　　　う。中の二聯は必ず対句にしなければならない。絶句は起句、
　　　　　承句、転句、結句の四句からなり、前後の二聯は対句を用いても
　　　　　よいし用いなくともよい。両者ともに七言、五言の二種があ
　　　　　る。

⑦散 　曲：元代に興った新形式の韻文。散曲と雑劇を総称して北曲という
　　　　　が、雑劇は身振りと台詞のある歌劇であり、散曲は身振りと台
　　　　　詞はなく、“词”の性質に近い。小令（単調の曲）と套数（二つ以
　　　　　上の曲）の二種に分かれる。

⑧嚆 　矢：かぶら矢。開戦の合図に用いた、音を発する矢。物事の発端あ
　　　　　るいは先行者に喩える。

⑨《尚 　书》：通称は《书经》、唐虞から商周までの統治者の誓詞、通告の文書
　　　　　などを記載してある。

⑩《春 　秋》：孔子が魯国の史官の編んだ《春秋》を根拠にして整理を加え、
　　　　　改訂して作ったと伝えられている。記述方法は“以事系日、以
　　　　　日系月、以月系时、以时系年”（月日を短縮すること）であり、
　　　　　編年史として最古のものである。周王朝、魯国とその他諸侯の
　　　　　事跡を記述している。

⑪《左 　传》：《春秋左氏传》の略称。魯の史官左丘明の作で《春秋》の注釈書
　　　　　の一つである。

⑫《公羊传》：《春秋公羊传》の略称、《左传》と並び《春秋》の注釈書である
　　　　　る。戦国時代公羊高が伝述したものを漢初景帝の時に、高の玄
　　　　　孫公羊寿と斉人胡母生が記録して一書とした。

⑬骈 体 文：文体名の一つで、駢文ともいい、魏晋南北朝に広く行われた文体。特色は、駢偶句ともいわれるように、対句によって構成され、平仄を使って抑揚をはかり、典故と美辞を用いて文章を修飾することなどである。

⑭唐宋古文八大家：唐、宋二代の八人の散文作家を指す。すなわち唐の韓愈、柳宗元と宋の欧陽修、蘇洵、蘇軾、蘇轍、王安石、曾鞏。明初、朱右が韓、柳等の文を選び《八先生文集》を作る。八家の名は、ここに始まる。

【問 い】

1．中国文学主要是沿着哪两大主流发展起来的？

2．韵文发展为哪些文学形式？

3．散文又发展哪些文学形式？

4．中国最早的一部诗歌总集叫什么？

5．《诗经》收集了什么时代的诗歌？

6．在什么时代，《诗经》发展到长诗形式的《楚辞》？

7．"赋"是韵文还是散文？

8．"赋"是哪一个朝代的代表文学？

9．唐代有哪些著名诗人？

10．宋代的代表文学是什么？

11．"散曲"是哪个朝代的代表文学？有哪些代表作家？

12．中国最早的散文集叫什么？

13．春秋战国时的散文，可以分为几类？

14．汉朝的著名历史散文作品有哪两部？

15．五四运动以后的中国诗歌和散文，有什么新发展？

10 中国 的 小说 与 戏剧
Zhōngguó de xiǎoshuō yǔ xìjù

中国 的 传统 文学 向来 是 指 诗歌 与 散文, 小说
Zhōngguó de chuántǒng wénxué xiànglái shì zhǐ shīgē yǔ sǎnwén, xiǎoshuō

和 戏剧 是 属于 非 正统 文学, 在 明 清 时代 以前 一直
hé xìjù shì shǔyú fēi zhèngtǒng wénxué, zài Míng Qīng shídài yǐqián yìzhí

不 受 重视。
bú shòu zhòngshì.

事实 上, 小说 早 在 先 秦 时代 就 出现 了, 但 当时
Shìshí shang, xiǎoshuō zǎo zài Xiān Qín shídài jiù chūxiàn le, dàn dāngshí

被 当作 "九 流 十 家"① 的 最 末流, 根本 不 受 重视, 不
bèi dàngzuò "jiǔ liú shí jiā" de zuì mòliú, gēnběn bú shòu zhòngshì, bú

见 经 传②。 直到 魏 晋 南北朝, 由于 社会 上 讲 清谈③,
jiàn jīng zhuàn. Zhídào Wèi Jìn Nánběicháo, yóuyú shèhuì shang jiǎng qīngtán,

谈 神仙, 结果 出现了 晋 干 宝 的 《搜神记》④、 秦 王 嘉
tán shénxian, jiéguǒ chūxiànle Jìn Gān Bǎo de 《Sōushénjì》、 Qín Wáng Jiā

的 《拾遗记》⑤ 等 神怪 小说。 这些 小说 可以 说 是
de 《Shíyíjì》 děng shénguài xiǎoshuō. Zhèxiē xiǎoshuō kěyǐ shuō shì

中国 小说 的 开端。
Zhōngguó xiǎoshuō de kāiduān.

到了 唐 宋, 由于 古文 运动 的 影响, 小说 的 表现
Dàole Táng Sòng, yóuyú gǔwén yùndòng de yǐngxiǎng, xiǎoshuō de biǎoxiàn

手法 更 为 自由, 内容 也 更 丰富起来。 当时 的 小说
shǒufǎ gèng wéi zìyóu, nèiróng yě gèng fēngfùqǐlái. Dāngshí de xiǎoshuō

●京 剧

除了 神怪 小说 以外， 还 出现了 爱情 小说、 侠义 小说
chúle shénguài xiǎoshuō yǐwài, hái chūxiànle àiqíng xiǎoshuō, xiáyì xiǎoshuō

等。 唐 宋 小说 可以 说 是 中国 小说 的 准备期， 为
děng. Táng Sòng xiǎoshuō kěyǐ shuō shì Zhōngguó xiǎoshuō de zhǔnbèiqī, wèi

明 清 小说 打好了 基础。
Míng Qīng xiǎoshuō dǎhǎole jīchǔ.

到了 明代， 就 出现了 《水浒传》、 《三国演义》、 《西游记》、
Dàole Míngdài, jiù chūxiànle 《Shuǐhǔzhuàn》、 《Sānguóyǎnyì》、 《Xīyóujì》、

《金瓶梅》 等 著名 长篇 小说。 到了 清代， 又 出现了
《Jīnpíngméi》 děng zhùmíng chángpiān xiǎoshuō. Dàole Qīngdài, yòu chūxiànle

《红楼梦》、 《儒林外史》、 《聊斋志异》 等 闻名 世界 的 优秀
《Hónglóumèng》、 《Rúlínwàishǐ》、 《Liáozhāizhìyì》 děng wénmíng shìjiè de yōuxiù

长篇 小说。 从此 小说 在 中国 文坛 上 的 地位 渐渐
chángpiān xiǎoshuō. Cóngcǐ xiǎoshuō zài Zhōngguó wéntán shang de dìwèi jiànjiàn

提高 了。
tígāo le.

五四 运动 后， 中国 文学 广泛 地 受到 西方 文学
Wǔsì Yùndòng hòu, Zhōngguó wénxué guǎngfàn de shòudào xīfāng wénxué

的　影响，　小说　也　有了　新　生命，　渐渐　占据了　中国
de　yǐngxiǎng,　xiǎoshuō　yě　yǒule　xīn　shēngmìng,　jiànjiàn　zhànjùle　Zhōngguó

新文学　的　主流　地位。　人们　最　喜欢　的　文学　作品　也　是
xīnwénxué　de　zhǔliú　dìwèi.　Rénmen　zuì　xǐhuan　de　wénxué　zuòpǐn　yě　shì

小说。　现代　文学　中　著名　的　小说　有　鲁　迅　的　《阿
xiǎoshuō.　Xiàndài　wénxué　zhōng　zhùmíng　de　xiǎoshuō　yǒu　Lǔ　Xùn　de　《Ā

Q　正传》、　茅　盾　的　《子夜》、　老　舍　的　《骆驼　祥子》、　巴
Q　zhèngzhuàn〉、　Máo　Dùn　de　〈Zǐyè〉、　Lǎo　Shě　de　〈Luòtuo　Xiángzi〉、　Bā

金　的　《家、　春、　秋》⑥　等。
Jīn　de　〈Jiā、　Chūn、　Qiū〉　děng.

　　至于　戏剧，　它　的　发展　比　小说　更　晚，　直到　元代　才
　　Zhìyú　xìjù,　tā　de　fāzhǎn　bǐ　xiǎoshuō　gèng　wǎn,　zhídào　Yuándài　cái

出现了　元曲　杂剧。　元曲　杂剧　可以　说　是　中国　戏剧　的
chūxiànle　Yuánqǔ　zájù.　Yuánqǔ　zájù　kěyǐ　shuō　shì　Zhōngguó　xìjù　de

鼻祖⑦。　主要　作品　有　关　汉卿　的　《窦娥冤》⑧、　马　致远　的
bízǔ.　Zhǔyào　zuòpǐn　yǒu　Guān　Hànqīng　de　〈Dòu'éyuān〉、　Mǎ　Zhìyuǎn　de

《汉宫秋》⑨、　王　实甫　的　《西厢记》⑩　等。
〈Hàngōngqiū〉、　Wáng　Shífǔ　de　〈Xīxiāngjì〉　děng.

　　到了　明代，　戏曲　又　进　一步　发展到　较　为　自由　的　传奇，
　　Dàole　Míngdài,　xìqǔ　yòu　jìn　yíbù　fāzhǎndào　jiào　wéi　zìyóu　de　chuánqí,

主要　作品　有　高　明　的　《琵琶记》⑪、　汤　显祖　的　《牡丹亭》⑫
zhǔyào　zuòpǐn　yǒu　Gāo　Míng　de　〈Pípájì〉、　Tāng　Xiǎnzǔ　de　〈Mǔdāntíng〉

等。　而　清代　的　主要　戏曲　有　洪　升　的　《长生殿》⑬　和
děng.　Ér　Qīngdài　de　zhǔyào　xìqǔ　yǒu　Hóng　Shēng　de　〈Chángshēngdiàn〉　hē

孔　尚任　的　《桃花扇》⑭。
Kǒng　Shàngrèn　de　〈Táohuāshàn〉.

同样 的, 中国 戏剧 到了 五四 运动 以后, 也 受到
Tóngyàng de, Zhōngguó xìjù dàole Wǔsì Yùndòng yǐhòu, yě shòudào

西方 戏剧 的 影响, 产生了 新 的 白话 戏剧, 也 叫 话剧。
xīfāng xìjù de yǐngxiǎng, chǎnshēngle xīn de báihuà xìjù, yě jiào huàjù.

主要 代表 作品 有 曹 禺 的《雷雨》、老 舍 的《茶馆》等。
Zhǔyào dàibiǎo zuòpǐn yǒu Cáo Yú de《Léiyǔ》、Lǎo Shě de《Cháguǎn》děng.

中国 戏剧 除了 用 普通话 上演 的 话剧 以外, 还 有
Zhōngguó xìjù chúle yòng pǔtōnghuà shàngyǎn de huàjù yǐwài, hái yǒu

许多 用 方言 上演 的 传统 戏剧, 例如"京剧"⑮"越剧"⑯
xǔduō yòng fāngyán shàngyǎn de chuántǒng xìjù, lìrú "Jīngjù" "Yuèjù"

"川剧"⑰ 等。
"Chuānjù" děng.

【語 句】

①九流十家：先秦から漢初に至る各学派の総称。十家は儒家、道家、陰陽
　　　　　　家、法家、名家、墨家、縦横家、雑家、農家、小説家である。
　　　　　　十家から小説家を除いたものが九流である。

②不见经传：経書やその注釈、権威ある書物に記載がない。人あるいは事物
　　　　　　があまり有名でなく重視されていないという意味。

③清　　談："清言"あるいは"玄言"ともいう。魏晋の時期、虚無を尊び名
　　　　　　理を空談する気風。魏の何安、夏侯玄、王弼等に始まり老荘思
　　　　　　想を多く用いて儒家の経義を解釈し、俗世間の形式的なことを
　　　　　　排斥してもっぱら深遠な道理を談じた。

④《搜神记》：東晋の干宝の著した神怪小説、全20巻。神仙妖怪の怪奇な説話
　　　　　　が多く記され、中には民間の伝説も保存されている。

⑤《拾遺记》：東晋の王嘉の著した神怪小説で《王子年拾遺記》ともいう。全
　　　　　　10巻。南朝梁の蕭綺が整理を加えた。前の9巻は上古の伏羲
　　　　　　氏、神農氏から東晋各代に到るまでの異聞を記している。最後
　　　　　　の1巻は崑崙、蓬莱などの仙山のことを記している。内容は神

仙方術の宣伝が主。

⑥《家、春、秋》：もとの題名は《激流三部曲》。1931年に書かれた巴金の長篇小説で封建的大家族の没落と崩潰の運命を描いている。

⑦鼻　　祖：始祖、創始者のこと。

⑧《竇娥冤》：元の関漢卿の代表的雑劇作品。正しくは《感天動地竇娥冤》。普通の女性である竇娥が冤罪によって死んだことを描写している。

⑨《汉宫秋》：元の馬致遠の代表的雑劇作品。正しくは《破幽梦孤雁汉宫秋》。漢の元帝と王昭君の別離の悲劇を描写している。

⑩《西厢记》：元の王実甫の代表的雑劇作品。正しくは《崔莺莺待月西厢记》。大臣のお嬢さん崔鶯鶯と秀才張生の愛情の発生、発展、挫折と幸福な結末を描いている。

⑪《琵琶记》：元末明初の高明が民間に伝わる南戯《赵员女》を改編した伝奇戯曲。もとは蔡伯喈が親に背き妻を棄てたことを批判する物語で、不孝者として雷に打たれることになっていた（"雷轰蔡伯喈"）。のち蔡伯喈の全忠全孝を讃えるものに改められハッピーエンドとなった。

⑫《牡丹亭》：明の湯顕祖の代表的伝奇戯曲。正しくは、《牡丹亭还魂记》。杜麗娘と柳夢梅の愛情を描写した物語。

⑬《长生殿》：清の洪昇の代表的伝奇戯曲。唐の玄宗が楊貴妃を愛し、酒色におぼれて国を誤り安禄山の乱を引き起こし、将兵が貴妃に縊死をせまった。玄宗は貴妃を思って止まず、のちに天上で貴妃と会った愛情悲劇を描く。

⑭《桃花扇》：清の孔尚任の代表的伝奇戯曲。名士の侯方域と秦淮の歌妓李香君の愛情物語を筋として南明、弘光王朝の滅亡の悲劇を描写している。

⑮"京　　剧"：歌の調子と台詞を、主として北京語の音韻によっている地方演劇。清代に発生し安徽の徽調と湖北の漢調を基礎とし若干の地方演劇の特色を融合して歌、台詞、しぐさ、立廻りを同等に重んじる整った上演体系を形成した。北方各地に流行した。

⑯"越　　剧"：浙江、上海およびその近辺の省に流行した。清末に浙江省嵊県

一帯の農山村の歌を基礎として紹劇等の演題、曲調、上演技術を吸収して形成された。1916年、上海に入って紹興文戯と称し、30年代中、さらに発展してすべてを女優が演じる"女子紹興文戏"となり、後には、新劇、昆劇の影響を受けた。1942年、初めて越劇と称した。解放後は、男女共演に戻った。

⑰"川　劇"：四川、雲南、貴州の各地に流行した地方演劇。清の雍正、乾隆年間、昆腔、高腔、胡琴、乱弾等の演劇と地方の民間の小芝居"灯戏"が同時に流行し、長い間にしだいに四川方言の台詞と歌を多用し、舞台を同じくして上演するうちに互いに影響しあい、共通するおもむきを比較的多く形成した。後に、まとめて川劇と称するようになった。

【問　い】

1．为什么中国的小说和戏剧发展得比诗歌晚？

2．中国小说最早出现在什么时代？为什么没发展起来？

3．什么时候的小说才算是中国小说的开端？

4．中国在哪个时代，小说才盛行起来？

5．明清时代中国出现了哪些闻名世界的长篇小说？

6．从什么时候起小说占据了中国文学的主流地位？

7．现在一般中国人民最喜欢的新文学作品有哪些？

8．中国的戏剧是开始于哪个朝代的？

9．中国戏剧的鼻祖是什么文学形式？

10．元曲有哪些代表作品？

11．《琵琶记》《牡丹亭》是哪个时代的作品？

12．清代的《长生殿》和《桃花扇》的作者是谁？

13．中国戏剧受了西洋戏剧影响后，出现了什么样的戏剧？

14．中国现代著名的剧本有哪些？

15．现代中国戏剧除了话剧以外还有哪些地方戏剧？

11 中国 的 哲学 思想
Zhōngguó de zhéxué sīxiǎng

中国 历史 上 出现了 许多 大 思想家, 都 建立了 各自
Zhōngguó lìshǐ shang chūxiànle xǔduō dà sīxiǎngjiā, dōu jiànlìle gèzì

的 哲学 思想 体系。 比如 孔子、 孟子 的 儒家 学说, 老子、
de zhéxué sīxiǎng tǐxì. Bǐrú Kǒngzǐ、 Mèngzǐ de rújiā xuéshuō, Lǎozǐ、

庄子 的 道家 学说, 韩非子、 商鞅 的 法家 学说 等。 这些
Zhuāngzǐ de dàojiā xuéshuō, Hánfēizǐ、 Shāngyāng de fǎjiā xuéshuō děng. Zhèxiē

哲学 思想 都 曾经 先后 成为 某 一 时期 的 统治 思想,
zhéxué sīxiǎng dōu céngjīng xiānhòu chéngwéi mǒu yì shíqī de tǒngzhì sīxiǎng,

并且 给 后世 留下了 深远 的 影响。
bìngqiě gěi hòushì liúxiàle shēnyuǎn de yǐngxiǎng.

根据 近年来 的 考古 研究, 在 商朝 迁都到 殷 时, 国家
Gēnjù jìnniánlái de kǎogǔ yánjiū, zài Shāngcháo qiāndūdào Yīn shí, guójiā

体制 日趋 完善, 社会 上 产生了 一 种 至上神 的 思想
tǐzhì rìqū wánshàn, shèhuì shang chǎnshēngle yì zhǒng zhìshàngshén de sīxiǎng

观点, 认为 "帝" 或 "上帝" 是 天上 和 人间 的 最 高
guāndiǎn, rènwéi "dì" huò "shàngdì" shì tiānshàng hé rénjiān de zuì gāo

主宰, 所有 自然 现象 和 人类 的 社会 活动, 都 受 上帝
zhǔzǎi, suǒyǒu zìrán xiànxiàng hé rénlèi de shèhuì huódòng, dōu shòu shàngdì

的 支配。 商朝 末年, 社会 上 又 出现了 "五行说"①, 把
de zhīpèi. Shāngcháo mònián, shèhuì shang yòu chūxiànle "wǔxíngshuō", bǎ

水、 火、 金、 木、 土 这 五 种 物质 元素 看成 生活 的
shuǐ、 huǒ、 jīn、 mù、 tǔ zhè wǔ zhǒng wùzhì yuánsù kànchéng shēnghuó de

●五行配当表●

五 行 …	木	火	土	金	水
五 脏 …	肝	心	脾	肺	肾
五 腑 …	胆	小肠	胃	大肠	膀胱
五 窍 …	目	耳	口	鼻	二阴
五 官 …	眼	舌	唇	鼻	耳
五 主 …	筋爪	血脉	肌肉	皮毛	骨发
五 舍 …	瑰	神	意	魄	精
五 季 …	春	夏	季夏	秋	冬
五兄弟 …	甲乙	丙丁	戊己	庚辛	壬癸
五 方 …	东	南	中央	西	北
五 志 …	怒	笑	思	忧	恐
五 井 …	忧	喜	畏	悲	恐
五 变 …	握	忧	哕	欬	栗
五 色 …	青	赤	黄	白	黑
五 臭 …	臊	焦	香	腥	腐
五 味 …	酸	苦	甘	辛	咸
五 声 …	呼	言	歌	哭	呻
五 液 …	泪	汗	涎	涕	唾
五 气 …	语	噫	吞	欬	缺
五 音 …	角	徵	宫	商	羽
五 乐 …	琴	琵	笙	竽	筎
五 恶 …	风	热	湿	汗	燥
五 伤 …	血	气	肉	骨	筋
五 畜 …	鸡	羊	牛	犬	豚
五 谷 …	麦	黍	粟	稻	豆
五 果 …	李	杏	枣	桃	栗
五 菜 …	韭	薤	葵	葱	藿
五 虫 …	毛虫	蛩	倮虫	介虫	鳞虫
五 脉 …	弦	钩	代	毛	石
五 输 …	井	荣	俞	经	合
五 经 …	足厥阴	手小阴	足太阴	手太阴	足小阴
五 位 …	震	离	坤	兑	坎
五 常 …	仁	礼	信	义	智

基础。 另外 还 有 "八卦说"②, 使用 八 种 符号： 乾、 坤、
jīchǔ. Lìngwài hái yǒu "bāguàshuō", shǐyòng bā zhǒng fúhào： qián、 kūn、

震、 巽、 坎、 离、 艮、 兑 来 表示 天、 地、 雷、 风、 水、 火、
zhèn、 xùn、 kǎn、 lí、 gèn、 duì lái biǎoshì tiān、 dì、 léi、 fēng、 shuǐ、 huǒ、

山、 泽 这 八 种 物质 现象。 八卦 中 每 两 卦 都 是
shān、 zé zhè bā zhǒng wùzhì xiànxiàng. Bāguà zhōng měi liǎng guà dōu shì

对立 的, 而 阴阳 是 八卦 的 基础。 这 一 学说 认为 世间
duìlì de, ér yīnyáng shì bāguà de jīchǔ. Zhè yī xuéshuō rènwéi shìjiān

万物 都 是 由 阴阳 两 种 气体 互相 结合 交感 而
wànwù dōu shì yóu yīnyáng liǎng zhǒng qìtǐ hùxiāng jiéhé jiāogǎn ér

成 的。
chéng de.

到了 春秋 战国 时代, 在 哲学 思想 方面 出现了 百家
Dàole Chūnqiū Zhànguó shídài, zài zhéxué sīxiǎng fāngmiàn chūxiànle bǎijiā

争鸣③ 的 新 局面, 儒家 崇尚 "礼乐" 和 "仁义", 提倡
zhēngmíng de xīn júmiàn, rújiā chóngshàng "lǐyuè" hé "rényì", tíchàng

"忠恕" 和 "中庸"④ 之 道。 政治 上 主张 "德 治 仁
"zhōngshù" hé "zhōngyōng" zhī dào. Zhèngzhì shang zhǔzhāng "dé zhì rén

政", 重视 道德 伦理 教育。 道家 以 老 庄 的 自然 天道
zhèng", zhòngshì dàodé lúnlǐ jiàoyù. Dàojiā yǐ Lǎo Zhuāng de zìrán tiāndào

为 本, 提倡 "无为" "乐天"。 政治 上 主张 "无 为 而 治"⑤。
wéi běn, tíchàng "wúwéi" "lètiān". Zhèngzhì shang zhǔzhāng "wú wéi ér zhì".

法家 主张 重 农 抑 商⑥, 以 农 致 富, 以 战 求 强,
Fǎjiā zhǔzhāng zhòng nóng yì shāng, yǐ nóng zhì fù, yǐ zhàn qiú qiáng,

厉行 严刑 峻法, 监察 官吏 职守, 要求 建立 一 个 统一 的
lìxíng yánxíng jùnfǎ, jiānchá guānlì zhíshǒu, yāoqiú jiànlì yī ge tǒngyī de

君主 国家。
jūnzhǔ guójiā.

西汉 前期, 统治者 推崇 法家 学说 以 巩固 政权。
Xīhàn qiánqī, tǒngzhìzhě tuīchóng fǎjiā xuéshuō yǐ gǒnggù zhèngquán.

西汉 后期, 又 从 尊法 转为 尊儒, 董 仲舒⑦ 等 人 的
Xīhàn hòuqī, yòu cóng zūnfǎ zhuǎnwéi zūnrú, Dǒng Zhòngshū děng rén de

"天 人 感 应"⑧ 的 神学 体系 和 "天 不 变, 道 亦 不 变"⑨
"tiān rén gǎn yìng" de shénxué tǐxì hé "tiān bú biàn, dào yì bú biàn"

的 永恒 天命 观念, 到了 东汉 被 推崇为 官方 哲学。
de yǒnghéng tiānmìng guānniàn, dàole Dōnghàn bèi tuīchóngwéi guānfāng zhéxué.

儒家 学说 到了 唐 宋, 又 发展为 以 朱 熹⑩ 为 代表
Rújiā xuéshuō dàole Táng Sòng, yòu fāzhǎnwéi yǐ Zhū Xī wéi dàibiǎo

的 理学⑪。理学 认为 "理" 先 天地 而 存在, 把 抽象 的 "理"
de lǐxué. Lǐxué rènwéi "lǐ" xiān tiāndì ér cúnzài, bǎ chōuxiàng de "lǐ"

提高到 至 高 无 上 的 地位。
tígāodào zhì gāo wú shàng de dìwèi.

除了 儒、道、法 诸家 学说 以外, 从 印度 传入 的 佛教
Chúle rú、dào、fǎ zhūjiā xuéshuō yǐwài, cóng Yìndù chuánrù de fójiào

思想, 也 是 中国 历史 上 影响 深远 的 哲学 思想。
sīxiǎng, yě shì Zhōngguó lìshǐ shang yǐngxiǎng shēnyuǎn de zhéxué sīxiǎng.

这 几 种 哲学 思想 相互 对立, 相互 影响, 在
Zhè jǐ zhǒng zhéxué sīxiǎng xiānghù duìlì, xiānghù yǐngxiǎng, zài

漫长 的 历史 过程 中, 都 先后 成为 统治者 的
màncháng de lìshǐ guòchéng zhōng, dōu xiānhòu chéngwéi tǒngzhìzhě de

正统 思想。但是 到了 五四 运动 以后, 在 西方 各 种
zhèngtǒng sīxiǎng. Dànshì dàole Wǔsì Yùndòng yǐhòu, zài xīfāng gè zhǒng

新 思想，新 思潮 的 冲击 下，儒家、道家、法家 等 学说
xīn sīxiǎng, xīn sīcháo de chōngjī xià, rújiā、 dàojiā、 fǎjiā děng xuéshuō

都 失去 其 正统 地位。
dōu shīqù qí zhèngtǒng dìwèi.

中华 人民 共和国 成立 后，马克思 列宁 的 共产
Zhōnghuá Rénmín Gònghéguó chénglì hòu, Mǎkèsī Lièníng de gòngchǎn

主义 思想 成为 中国 统治 思想。但是 经过 文化
zhǔyì sīxiǎng chéngwéi Zhōngguó tǒngzhì sīxiǎng. Dànshì jīngguò Wénhuà

大革命 后，人们 对 共产 主义 思想 渐渐 产生 疑问。
Dàgémìng hòu, rénmen duì gòngchǎn zhǔyì sīxiǎng jiànjiàn chǎnshēng yíwèn.

一九八九 年 天安门 事件 后，中国 人民 大都 对 共产
Yījiǔbājiǔ nián Tiān'ānmén Shìjiàn hòu, Zhōngguó rénmín dàdōu duì gòngchǎn

主义 思想 失去 信心，一般人 都 倾向 于 自由 民主 的 思想。
zhǔyì sīxiǎng shīqù xìnxin, yìbānrén dōu qīngxiàng yú zìyóu mínzhǔ de sīxiǎng.

尽管 如此，中国 旧有 的 哲学 思想 仍然 在 中国 人民
Jǐnguǎn rúcǐ, Zhōngguó jiùyǒu de zhéxué sīxiǎng réngrán zài Zhōngguó rénmín

的 思想 中 起着 一定 的 作用。
de sīxiǎng zhōng qǐzhe yídìng de zuòyòng.

●天安門

60

【語　句】

①五 行 说：中国古代の思想家は日常生活において常に見うけられる"水、
　　　　　火、金、木、土"の五種の物質によって世界万物の起源と多様
　　　　　性の統一を説明しようとした。戦国時代"五行说"が流行して
　　　　　"五行相生相胜"の原理が出現した。"相生"は相互に促進する
　　　　　ということ、"相胜"は相克で、互いに排斥する意味である。

②八 卦 说：八卦は《周易》中の八種の基本図形で"━"と"－－"の符号を
　　　　　用いて組み合わせたもの。"━"を陽とし"－－"を陰とする。八
　　　　　卦の名称は、"乾、坤、震、巽、坎、离、艮、兑"である。《周
　　　　　易》の作者は、八卦は主に天、地、雷、風、水、火、山、沢の
　　　　　八種の自然現象を象徴しているとみなし、中でも"乾""坤"の
　　　　　二つの卦を最重要とし自然界と人類社会の一切の現象の根源
　　　　　であるとみなした。

③百家争鸣：百家は学術の流派を指す。《汉书、艺文志》に諸子189家と記載
　　　　　されている。"百家"は概数である。百家争鸣は各学派が互いに
　　　　　自由に自己の学説理論を発表すること。

④中　　庸：人や物に接するのに偏らず調和のとれた折衷的態度のこと。

⑤无为而治：自然に従い、作為する所なくして統治する方法。

⑥重农抑商：農業を重視して商業を抑圧する。

⑦董 仲 舒：(前170－前104年)西漢の哲学者、今文経学の大家。広川(今の河
　　　　　北省棗強の東)の人。その学問は、儒家の宗法思想を中心とし陰
　　　　　陽五行説をまじえて神権、君権、父権、夫権を一緒につらぬい
　　　　　て封建神学大系を形成した。

⑧天人感应：上天と人が相通じて反応すること。

⑨天不変、道亦不変：天が変わらなかったら世間の一切の情況も変わらない
　　　　　ということ。

⑩朱　　熹：(1130－1200)南宋の哲学者。婺源(江西、婺源県)の人。宋代の
　　　　　儒家で理学の大家。道を重んじ文を軽んじたが文学を排斥した
　　　　　のではない。義理を明らかにしようとすれば文章は自然にすぐ
　　　　　れると考えた。哲学上、理気学説を発展させ理学を集大成し
　　　　　た。

⑪理　　学：“道学”とも称する、宋明両代の儒家哲学思想。宋儒は多く義理
　　　　　　　を明らかにし、生命を談ずることを主としたので理学と称す
　　　　　　　る。創始者は周敦頤、邵雍、張載、程顥、程頤で朱熹に至って
　　　　　　　初めて集大成された。“理”を天地に先立って存在するものとみ
　　　　　　　とめ、抽象的な“理”を永久的、至高の地位に引き上げた。

【問　い】

1．中国历史上，有哪些主要的哲学思想？

2．商朝的人们认为人类社会和自然现象的变化都是受什么支配的？

3．什么叫“五行”？

4．“五行”学说是出现在哪一个时代的？

5．什么叫“八卦”？

6．“八卦”学说的理论是什么？

7．在什么时代，中国哲学思想出现了百家争鸣的现象？

8．儒家的哲学思想主张什么？

9．道家的哲学思想主张什么？

10．法家的哲学思想主张什么？

11．汉朝初期尊崇什么哲学思想？

12．汉朝中期以后尊崇什么哲学思想？

13．儒家思想到了宋代，有什么新发展？

14．除了儒家、道家、法家这三种哲学思想以外，中国还有什么主要的哲学思想？

15．中华人民共和国成立后，中国主要的哲学思想是什么？

12 中国 的 宗教
Zhōngguó de zōngjiào

宗教 是 一 种 很 重要 的 文化。一 个 国家 的 文化
Zōngjiào shì yì zhǒng hěn zhòngyào de wénhuà. Yí ge guójiā de wénhuà

发展，跟 人民 的 宗教 信仰 无法 分离。在 中国 漫长
fāzhǎn, gēn rénmín de zōngjiào xìnyǎng wúfǎ fēnlí. Zài Zhōngguó màncháng

的 文化 历史 过程 中，宗教 所 起 的 作用 是 潜 移
de wénhuà lìshǐ guòchéng zhōng, zōngjiào suǒ qǐ de zuòyòng shì qián yí

默 化① 而 又 深远 悠长 的。中国 是 个 多民族 国家，
mò huà ér yòu shēnyuǎn yōucháng de. Zhōngguó shì ge duōmínzú guójiā,

各 个 民族 的 宗教 信仰 不一。汉族 主要 信仰 道教②、
gè ge mínzú de zōngjiào xìnyǎng bùyī. Hànzú zhǔyào xìnyǎng dàojiào、

佛教。近年来 也 有 不 少 人 信仰 基督教 和 天主教。回族、
fójiào. Jìnniánlái yě yǒu bù shǎo rén xìnyǎng Jīdūjiào hé Tiānzhǔjiào. Huízú、

维吾尔族 信仰 回教，藏族、蒙古族 信仰 喇嘛教③。
Wéiwú'ěrzú xìnyǎng Huíjiào, Zàngzú、Měnggǔzú xìnyǎng Lǎmajiào.

中华 人民 共和国 成立 以前，人民 宗教 信仰 自由，
Zhōnghuá Rénmín Gònghéguó chénglì yǐqián, rénmín zōngjiào xìnyǎng zìyóu,

到处 可 见 寺庙、观堂④、教堂。新 中国 成立 后，虽然
dàochù kě jiàn sìmiào、guàntáng、jiàotáng. Xīn Zhōngguó chénglì hòu, suīrán

一九五四 年 的 宪法 规定："公民 有 宗教 信仰 的 自由。"
yījiǔwǔsì nián de xiànfǎ guīdìng:"gōngmín yǒu zōngjiào xìnyǎng de zìyóu."

但 宗教 几乎 被 看成 是 一 种 精神 上 的 鸦片。到了
Dàn zōngjiào jīhū bèi kànchéng shì yì zhǒng jīngshén shang de yāpiàn. Dàole

文化　大革命　时期，　宗教　更　成为　"四旧"⑤　的　对象　而
Wénhuà　Dàgémìng　shíqī,　zōngjiào　gèng　chéngwéi　"sìjiù"　de　duìxiàng　ér

遭受　攻击。许多　寺院、　教堂　都　被　破坏　或　封锁，　佛像　被
zāoshòu　gōngjī.　Xǔduō　sìyuàn、　jiàotáng　dōu　bèi　pòhuài　huò　fēngsuǒ,　fóxiàng　bèi

砸碎，　经典　被　烧毁，　无数　的　僧侣、　神父　被迫　还俗⑥。一九七五
zásuì,　jīngdiǎn　bèi　shāohuǐ,　wúshù　de　sēnglǚ、　shénfù　bèipò　huánsú.　Yījiǔqīwǔ

年　的　宪法　甚至　明文　规定："不　信仰　宗教，　宣传
nián　de　xiànfǎ　shènzhì　míngwén　guīdìng :　"bú　xìnyǎng　zōngjiào,　xuānchuán

无神论。"
wúshénlùn."

　　一九七八　年　十二月　三中全会⑦　后，政府　才　公开　宣布
　　Yījiǔqībā　nián　shí'èryuè　Sānzhōngquánhuì　hòu,　zhèngfǔ　cái　gōngkāi　xuānbù

实行　宗教　信仰　自由　政策，　尊重　人民　的　宗教　信仰
shíxíng　zōngjiào　xìnyǎng　zìyóu　zhèngcè,　zūnzhòng　rénmín　de　zōngjiào　xìnyǎng

自由。一九八二　年　新　宪法　里，"不　信仰　宗教，　宣传
zìyóu.　Yījiǔbā'èr　nián　xīn　xiànfǎ　li,　"bú　xìnyǎng　zōngjiào,　xuānchuán

无神论"的　条文　正式　被　删去，改为："中华　人民　共和国
wúshénlùn"　de　tiáowén　zhèngshì　bèi　shānqù,　gǎiwéi :　"Zhōnghuá　Rénmín　Gònghéguó

公民　有　宗教　信仰　自由。任何　国家　机关，社会　团体　和　个人
gōngmín　yǒu　zōngjiào　xìnyǎng　zìyóu.　Rènhé　guójiā　jīguān,　shèhuì　tuántǐ　hé　gèrén

不　得　强制　公民　信仰　宗教　或者　不　信仰　宗教，·不　得
bù　dé　qiángzhì　gōngmín　xìnyǎng　zōngjiào　huòzhě　bú　xìnyǎng　zōngjiào,　bù　dé

岐视　信仰　宗教　的　公民　和　不　信仰　宗教　的
qíshì　xìnyǎng　zōngjiào　de　gōngmín　hé　bú　xìnyǎng　zōngjiào　de

公民。国家　保护　正常　的　宗教　活动。任何　人　不　得
gōngmín.　Guójiā　bǎohù　zhèngcháng　de　zōngjiào　huódòng.　Rènhé　rén　bù　dé

64

●六榕寺の仏像（広州）

利用　宗教　进行　破坏　社会　秩序，损害　公民　身体　健康，
lìyòng　zōngjiào　jìnxíng　pòhuài　shèhuì　zhìxù,　sǔnhài　gōngmín　shēntǐ　jiànkāng,

妨碍　国家　教育　制度　的　活动。宗教　团体　和　宗教　事务　不
fáng'ài　guójiā　jiàoyù　zhìdù　de　huódòng.　Zōngjiào　tuántǐ　hé　zōngjiào　shìwù　bú

受　外国　的　支配。"
shòu　wàiguó　de　zhīpèi."

一般　中国　汉族　人民　没有　明确　的　宗教　信仰，在
Yìbān　Zhōngguó　Hànzú　rénmín　méiyǒu　míngquè　de　zōngjiào　xìnyǎng,　zài

家　不　烧香　拜佛，但　若　陷于　困境　无法　解脱　时，经常
jiā　bù　shāoxiāng　bàifó,　dàn　ruò　xiànyú　kùnjìng　wúfǎ　jiětuō　shí,　jīngcháng

会　求助　于　"上天"　"老天爷"⑧，或　到　佛教　的　寺院，道教
huì　qiúzhù　yú　"shàngtiān"　"lǎotiānyé",　huò　dào　fójiào　de　sìyuàn,　dàojiào

的　观堂　参拜　求救。看起来　也　信　佛教，也　信　道教。也许
de　guàntáng　cānbài　qiújiù.　Kànqǐlái　yě　xìn　fójiào,　yě　xìn　dàojiào.　Yěxǔ

由于　长期　以来　在　中国　共产党　的　政策　下，一般人　心里
yóuyú　chángqī　yǐlái　zài　Zhōngguó　Gòngchǎndǎng　de　zhèngcè　xià,　yìbānrén　xīnli

总　觉得　宗教　是　一　种　迷信。无法　像　欧　美　基督教　或
zǒng　juéde　zōngjiào　shì　yì　zhǒng　míxìn.　Wúfǎ　xiàng　Ōu　Měi　Jīdūjiào　huò

天主教 信徒 那样 每 个 星期 都 到 教堂 去 聆听 人生
Tiānzhǔjiào xìntú nàyang měi ge xīngqī dōu dào jiàotáng qù língtīng rénshēng

哲理。
zhélǐ.

不过, 相信 在 经济 发展 走上 正轨 后, 人们 物质
Búguò, xiāngxìn zài jīngjì fāzhǎn zǒushàng zhèngguǐ hòu, rénmen wùzhì

生活 得到 一定 的 满足 后, 肯定 会 追求 精神 上 的
shēnghuó dédào yídìng de mǎnzú hòu, kěndìng huì zhuīqiú jīngshén shang de

寄托, 那 时 宗教 信仰 也许 就 会 受到 重视。
jìtuō, nà shí zōngjiào xìnyǎng yěxǔ jiù huì shòudào zhòngshì.

【語　句】
①潜移默化：はっきり分からない内に変化と影響を受けること。
②道　　教：漢民族固有の宗教、古代の巫術に淵源する。東漢の順帝の漢安
　　　　　　元年(142年)張道陵が鶴鳴山(四川崇慶境内)で倡導した。道教
　　　　　　は張道陵を尊んで天師としたので"天师道"ともいう。老子を
　　　　　　奉じて教祖とする。
③喇　嘛　教：仏教の一派、主として中国のチベット族、蒙古族等の地区に伝
　　　　　　播する。喇嘛はチベット語で"上师"の意味。喇嘛教はチベッ
　　　　　　トにもとからあった教えと長期にわたって相互に影響しあっ
　　　　　　てできたものである。
④观　　堂：道教の廟宇。
⑤四　　旧：文化大革命の間に打ち出された四つの打倒すべき古くさいも
　　　　　　の、すなわち旧思想、旧文化、旧風俗、旧習慣。
⑥还　　俗：僧尼あるいは出家した道士が普通人に戻ること。
⑦三中全会：中国共産党第十一期中央委員会第三回全体会議のこと。
⑧老 天 爷：「天の神様」、困った時によく叫ぶ言葉。

【問 い】

1 ．宗教对一个国家的文化发展的影响是怎么样的？

2 ．中国各族人民信仰同一宗教吗？

3 ．汉族主要信仰什么宗教？

4 ．藏族、蒙古族主要信仰什么宗教？

5 ．回族和维吾尔族主要信仰什么宗教？

6 ．中华人民共和国成立后，人民有没有宗教信仰自由？

7 ．为什么一九六六年以后人民失去了宗教信仰自由？

8 ．文化大革命时期，为什么许多寺院、教堂被破坏或封锁了？

9 ．文化大革命时期，神父和僧侣受到什么样的遭遇？

10．文化大革命时期，中国宪法里规定宣传什么信仰？

11．什么时候中国才开始实行宗教信仰自由的政策？

12．中国一九八二年的宪法里有没有规定"不信仰宗教，宣传无神论"？

13．根据一九八二年的宪法，中国政府有没有权力强制人民不信仰宗教？

14．现在一般中国人在家烧香拜佛吗？

15．一般中国的汉族经常到寺院观堂去参拜吗？

13 中国 的 工艺 美术
Zhōngguó de gōngyì měishù

中国 的 工艺 美术 有着 悠久 而 光辉 灿烂 的 历史。
Zhōngguó de gōngyì měishù yǒuzhe yōujiǔ ér guānghuī cànlàn de lìshǐ.

很 久 以来 就 享有 "工艺 之 国" 的 美誉。在 漫长 的
Hěn jiǔ yǐlái jiù xiǎngyǒu "gōngyì zhī guó" de měiyù. Zài màncháng de

历史 过程 中, 中国 人民 利用 大自然 的 赐予, 无论 是
lìshǐ guòchéng zhōng, Zhōngguó rénmín lìyòng dàzìrán de cìyǔ, wúlùn shì

石头、泥土、骨牙、竹木、或 是 金属、琉璃 等、都 可以 因 材
shítou、 nítǔ、 gǔyá、 zhúmù, huò shì jīnshǔ、 liúlí děng、 dōu kěyǐ yīn cái

施 艺①, 创造出 满足 人们 物质 和 文化 生活 需要 的
shī yì, chuàngzàochū mǎnzú rénmen wùzhì hé wénhuà shēnghuó xūyào de

工艺 美术 作品。
gōngyì měishù zuòpǐn.

早 在 六、七千 年 前 的 新石器 时代, 人们 就 用 泥条
Zǎo zài liù、 qīqiān nián qián de Xīnshíqì shídài, rénmen jiù yòng nítiáo

盘叠成 各 种 各 样 的 生活 器皿, 然后 用 火 烧成
pándiéchéng gè zhǒng gè yàng de shēnghuó qìmǐn, ránhòu yòng huǒ shāochéng

陶器。当时 的 朴实 精巧 的 陶器 可 说 是 中国 最早
táoqì. Dāngshí de pǔshí jīngqiǎo de táoqì kě shuō shì Zhōngguó zuì zǎo

的 工艺 美术品。
de gōngyì měishùpǐn.

中国 的 工艺 美术 不但 历史 悠久, 而且 品种 繁多。
Zhōngguó de gōngyì měishù búdàn lìshǐ yōujiǔ, érqiě pǐnzhǒng fánduō.

●骨董品店の店先

主要 有 雕塑、 金属、 陶瓷器、 漆器、 织绣、 编织 等。
Zhǔyào yǒu diāosù、 jīnshǔ、 táocíqì、 qīqì、 zhīxiù、 biānzhī děng.

雕塑 工艺 主要 有 玉雕、 石雕 和 牙雕 等。 玉雕 在
Diāosù gōngyì zhǔyào yǒu yùdiāo、 shídiāo hé yádiāo děng. Yùdiāo zài

新石器 时代 就 已 有了 精工 细致 的 作品。 原料 有 白玉、
Xīnshíqì shídài jiù yǐ yǒule jīnggōng xìzhì de zuòpǐn. Yuánliào yǒu báiyù、

碧玉、 翡翠、 玛瑙、 珊瑚 等。 主要 产品 是 人物 和 花鸟。
bìyù、 fěicuì、 mǎnǎo、 shānhú děng. Zhǔyào chǎnpǐn shì rénwù hé huāniǎo.

石雕 是 利用 石料 的 天然 色彩 雕出 山水、 鸟兽、
Shídiāo shì lìyòng shíliào de tiānrán sècǎi diāochū shānshuǐ、 niǎoshòu、

花果 等。 主要 以 青田 石雕② 和 福建 的 寿山 石雕③
huāguǒ děng. Zhǔyào yǐ Qīngtián shídiāo hé Fújiàn de Shòushān shídiāo

最 为 著名。
zuì wéi zhùmíng.

象牙 雕刻 远 在 三千 多 年 前 的 商朝 就 有了
Xiàngyá diāokè yuǎn zài sānqiān duō nián qián de Shāngcháo jiù yǒule

精巧 的 作品。近代 牙雕 以 广州 和 北京 的 牙雕 最 为
jīngqiǎo de zuòpǐn. Jìndài yádiāo yǐ Guǎngzhōu hé Běijīng de yádiāo zuì wéi

出名。 广州 牙雕 以 象牙球 最 有 特色。 有的 象牙球
chūmíng. Guǎngzhōu yádiāo yǐ xiàngyáqiú zuì yǒu tèsè. Yǒude xiàngyáqiú

甚至 有 三十 层, 玲珑 剔透④, 层层 可以 转动, 并且
shènzhì yǒu sānshí céng, línglóng tītòu, céngcéng kěyǐ zhuǎndòng, bìngqiě

有 细致 的 花纹。 北京 牙雕 以 古装 淑女 和 花鸟 为 主,
yǒu xìzhì de huāwén. Běijīng yádiāo yǐ gǔzhuāng shūnǚ hé huāniǎo wéi zhǔ,

人物 花鸟 都 雕塑得 栩栩 如 生⑤, 活 灵 活 现⑥。
rénwù huāniǎo dōu diāosùde xǔxǔ rú shēng, huó líng huó xiàn.

金属 工艺 方面 常见 的 是 景泰蓝 和 银器。 景泰蓝
Jīnshǔ gōngyì fāngmiàn chángjiàn de shì Jǐngtàilán hé yínqì. Jǐngtàilán

是 明代 景泰 年间 （公元 一四五〇 — 一四五七）发展起来 的
shì Míngdài Jǐngtài niánjiān (gōngyuán yīsìwǔlíng — yīsìwǔqī) fāzhǎnqǐlái de

民间 铜器 工艺。 因为 素材 多 为 蓝色 铜, 所以 习惯 上
mínjiān tóngqì gōngyì. Yīnwèi sùcái duō wéi lánsè tóng, suǒyǐ xíguàn shang

称为 景泰蓝。 为 北京 一 种 具有 民族 风格 的 特产。
chēngwéi Jǐngtàilán. Wéi Běijīng yì zhǒng jùyǒu mínzú fēnggé de tèchǎn.

银器 工艺品 主要 是 一些 首饰, 如 镯子、 戒指、 耳环、
Yínqì gōngyìpǐn zhǔyào shì yìxiē shǒushi, rú zhuózi、 jièzhi、 ěrhuán、

项链 等。 少数 民族 的 妇女 特别 喜欢 佩带 银器 首饰。
xiàngliàn děng. Shǎoshù mínzú de fùnǚ tèbié xǐhuan pèidài yínqì shǒushi.

漆器 多 以 红铜 为 内胎, 然后 涂上 一 层 一 层 的
Qīqì duō yǐ hóngtóng wéi nèitāi, ránhòu túshàng yì céng yì céng de

厚漆, 进行 精 雕 细 刻。 漆色 以 红 为 主, 另外 以 黄、
hòuqī, jìnxíng jīng diāo xì kè. Qīsè yǐ hóng wéi zhǔ, lìngwài yǐ huáng、

绿、 黑 等 颜色 加以 套雕, 风格 极其 古雅。
lǜ、 hēi děng yánsè jiāyǐ tàodiāo, fēnggé jíqí gǔyǎ.

陶瓷器 以 唐代 的 唐 三彩⑦ 和 清代 的 康熙 五彩⑧
Táocíqì yǐ Tángdài de Táng sāncǎi hé Qīngdài de Kāngxī wǔcǎi

的 各 种 器皿 最 为 有名。
de gè zhǒng qìmǐn zuì wèi yǒumíng.

此外， 中国 的 织绣 工艺 也 是 驰名 世界 的。只 说
Cǐwài, Zhōngguó de zhīxiù gōngyì yě shì chímíng shìjiè de. Zhǐ shuō

绣 就 有 苏绣、 湘绣、 粤绣、 蜀绣。这 是 中国 四 大 名绣，
xiù jiù yǒu Sūxiù、 Xiāngxiù、 Yuèxiù、 Shǔxiù. Zhè shì Zhōngguó sì dà míngxiù,

各 有 特色， 各 有 妙处。四 大 名绣 都 是 以 绣工 精致，
gè yǒu tèsè, gè yǒu miàochù. Sì dà míngxiù dōu shì yǐ xiùgōng jīngzhì,

色彩 鲜艳， 景物 生动 而 深 受 人们 的 欢迎 喜爱。
sècǎi xiānyàn, jǐngwù shēngdòng ér shēn shòu rénmen de huānyíng xǐ'ài.

近年来 发现 的 许许多多 古代 出土 文物 中， 多 姿 多
Jìnniánlái fāxiàn de xǔxǔduōduō gǔdài chūtǔ wénwù zhōng, duō zī duō

彩， 令 人 惊叹 的 陶瓷 器皿、 竹筒 木箱 等 生活 用品，
cǎi, lìng rén jīngtàn de táocí qìmǐn、 zhútǒng mùxiāng děng shēnghuó yòngpǐn,

都 是 珍贵 的 历史 文物。这些 美术 工艺品 都 证明了
dōu shì zhēnguì de lìshǐ wénwù. Zhèxiē měishù gōngyìpǐn dōu zhèngmíngle

中国 工艺 美术 的 源 远 流 长。
Zhōngguó gōngyì měishù de yuán yuǎn liú cháng.

【語　句】
①因材施艺：材料に応じた細工を施す。
②青田石雕：青田は浙江省東南部の県。この地に産出する、光沢があってき
　　　　　めが細かく色彩の豊富な石材を利用して山水、花卉、人物、動
　　　　　物を彫刻したものを総称して青田石雕という。
③寿山石雕：福建省福州市郊外の寿山に産出する石材を彫刻したもの。この

地に産出する玉のように透明で美しく色彩の華やかな石材を
利用して人物、動物、花、果物などを彫刻した装飾品。
④玲瓏剔透：器物が精密で穴がくっきりあいていてつくりが巧妙なことの
形容。
⑤栩栩如生：生き生きとして活気のある様子の形容。
⑥活灵活現：芸術品が本物と同じように生き生きしていることの形容。
⑦唐 三 彩：唐代、釉薬を塗った陶器で陶俑を作った。いわゆる三彩は三種
の色には限らない。白色のほか薄い黄色、黄褐色、薄い緑、濃
い緑、藍色等がある。三彩の器物は多くは金属のように見えて
冥器に用いられるものもある。
⑧康熙五彩：康熙年間の磁器の釉薬の色彩。すでに焼きあげた磁器の上にた
くさんの色彩で飾り模様、図案を描き再び窯に入れて低温で
焼く。

【問 い】
1．中国工艺美术的历史悠久吗？
2．中国最早的工艺美术作品是产生在什么时候？
3．这些最早的工艺美术作品是什么？
4．中国的工艺美术主要有哪些行业？
5．雕塑工艺主要有哪些种类？
6．从什么时代就有了玉雕工艺作品？
7．玉雕的主要原料有哪些？
8．石雕大多利用石料雕塑出什么作品？
9．中国什么地方的石雕最有名？
10．中国在什么朝代就有了象牙雕作品？
11．中国的金属工艺产品主要有哪些？
12．"景泰蓝"是什么工艺美术品？
13．中国的陶瓷工艺产品以什么为最有名？
14．中国四大名绣是指什么？
15．中国四大名绣有什么共同特点？

中国 的 风俗 习惯

Zhōngguó de fēngsú xíguàn

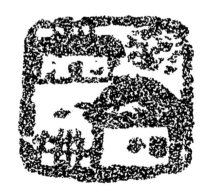

14 中国 的 饭菜 和 茶
Zhōngguó de fàncài hé chá

中国 是 古老 而 文明 的 国家，早 在 两、 三千 年
Zhōngguó shì gǔlǎo ér wénmíng de guójiā, zǎo zài liǎng, sānqiān nián

以前， 中国人 就 开始 研究 吃 的 艺术。 由于 中国 国土
yǐqián, Zhōngguórén jiù kāishǐ yánjiū chī de yìshù. Yóuyú Zhōngguó guótǔ

辽阔， 各 地区 自然 条件、 物产 种类 和 人民 的 饮食 生活
liáokuò, gè dìqū zìrán tiáojiàn, wùchǎn zhǒnglèi hé rénmín de yǐnshí shēnghuó

习惯 不 同， 形成了 中国 饭菜 的 品种 繁多， 鲜美 可口，
xíguàn bù tóng, xíngchéngle Zhōngguó fàncài de pǐnzhǒng fánduō, xiānměi kěkǒu,

色、 香、 味 俱全 的 特点。 中国菜 可 分为 八 大 菜系， 即
sè, xiāng, wèi jùquán de tèdiǎn. Zhōngguócài kě fēnwéi bā dà càixì, jí

山东菜、 四川菜、 江苏菜、 广东菜、 浙江菜、 湖南菜、
Shāndōngcài, Sìchuāncài, Jiāngsūcài, Guǎngdōngcài, Zhèjiāngcài, Húnáncài,

福建菜、 安徽菜。 中国 的 烹调 技术 以 精细、 变化、 灵活、
Fújiàncài, Ānhuīcài. Zhōngguó de pēngtiáo jìshù yǐ jīngxì, biànhuà, línghuó,

多样 而 著称①， 如 北京 烤鸭、 涮羊肉、 天津 的 狗不理
duōyàng ér zhùchēng, rú Běijīng kǎoyā, shuànyángròu, Tiānjīn de gǒubùlǐ

包子、 东北 的 红烧 熊掌、 广东 的 龙虎斗 等 上
bāozi, dōngběi de hóngshāo xióngzhǎng, Guǎngdōng de lónghǔdòu děng shàng

百 种 名菜， 闻 名 于 世。
bǎi zhǒng míngcài, wén míng yú shì.

中国人 的 主食 以 大米 和 面粉 为 主。 南方人 多
Zhōngguórén de zhǔshí yǐ dàmǐ hé miànfěn wéi zhǔ. Nánfāngrén duō

74

●北京ダック

吃　大米　和　米粉　制品，　如　米饭、　八宝饭、　年糕、　粽子、　汤圆。
chī dàmǐ hé mǐfěn zhìpǐn, rú mǐfàn、 bābǎofàn、 niángāo、 zòngzi、 tāngyuán.

北方人　喜欢　吃　面食，　他们　用　面粉　做成　馒头、　包子、
Běifāngrén xǐhuan chī miànshí, tāmen yòng miànfěn zuòchéng mántou、 bāozi、

花卷、　千层饼、　各　种　面条、　饺子、　锅贴 …… 等。
huājuǎn、 qiāncéngbǐng、 gè zhǒng miàntiáo、 jiǎozi、 guōtiē …… děng.

在　吃　的　方面，　各　地　的　口味　差异　也　很　大，　总的　说：
Zài chī de fāngmiàn, gè dì de kǒuwèi chāyì yě hěn dà, zǒngde shuō :

"南　甜　北　咸，　东　辣　西　酸"。江苏、　浙江、　广东　一带
"nán tián běi xián, dōng là xī suān". Jiāngsū、 Zhèjiāng、 Guǎngdōng yídài

的　人　爱　吃　甜　的，　做　菜　时　离不开　糖，　而且　少　用　酱油，
de rén ài chī tián de, zuò cài shí líbukāi táng, érqiě shǎo yòng jiàngyóu,

菜色　清淡。　如　上海　的　芙蓉　鸡片，　白　中　透　黄，　一　看
càisè qīngdàn. Rú Shànghǎi de fúróng jīpiàn, bái zhōng tòu huáng, yí kàn

就　会　引起　食欲。　北方人　爱　吃　咸　的，　炒　菜　多　用　酱油，
jiù huì yǐnqǐ shíyù. Běifāngrén ài chī xián de, chǎo cài duō yòng jiàngyóu,

菜　呈　深色。　如　酱爆　肉丁，　黑　里　透　红，　油亮油亮　的，
cài chéng shēnsè. Rú jiàngbào ròudīng, hēi li tòu hóng, yóuliàngyóuliàng de,

使 你 百 吃 不 厌②。 山东人 爱 吃 生葱 大蒜, 一点 也
shǐ nǐ bǎi chī bú yàn. Shāndōngrén ài chī shēngcōng dàsuàn, yìdiǎn yě

不 怕 辣, 甚至 一 盘 大葱、一 碟 生酱, 就 可以 饱餐 一
bú pà là, shènzhì yì pán dàcōng、yì dié shēngjiàng, jiù kěyǐ bǎocān yì

顿。 湖南、 四川人 爱 吃 辣椒, 没有 辣椒 的 饭菜, 简直 难以
dùn. Húnán、 Sìchuānrén ài chī làjiāo, méiyǒu làjiāo de fàncài, jiǎnzhí nányǐ

下咽。 山西人 离不开 醋, 连 早上 喝 粥 也 要 点点儿 醋。
xiàyàn. Shānxīrén líbukāi cù, lián zǎoshang hē zhōu yě yào diǎndiǎnr cù.

上海人 爱 吃 海味, 名菜 松鼠鱼, 把 鱼 做得 和 小松鼠
Shànghǎirén ài chī hǎiwèi, míngcài sōngshǔyú, bǎ yú zuòde hé xiǎosōngshǔ

一样, 活 灵 活 现, 使 人 目 惊 口 呆③, 不 舍 下 筷。
yíyàng, huó líng huó xiàn, shǐ rén mù jīng kǒu dāi, bù shě xià kuài.

一 日 三 餐 是 中国人 长期 形成 的 生活 习惯。
Yí rì sān cān shì Zhōngguórén chángqī xíngchéng de shēnghuó xíguàn.

俗语 说: "早 要 吃好, 午 要 吃饱, 晚 要 吃少"。 早饭 人们
Súyǔ shuō: "Zǎo yào chīhǎo, wǔ yào chībǎo, wǎn yào chīshǎo". Zǎofàn rénmen

常 吃 馒头、 烧饼、 馄饨、 稀饭、 豆浆、 油条、 牛奶、 面包,
cháng chī mántou、 shāobing、 húntun、 xīfàn、 dòujiāng、 yóutiáo、 niúnǎi、 miànbāo,

晚饭 吃 些 容易 消化 的 食物。 在 节假日 时, 常 吃 饺子。
wǎnfàn chī xiē róngyì xiāohuà de shíwù. Zài jiéjiàrì shí, cháng chī jiǎozi.

过 生日 时, 一定 要 吃 面条, 表示 长寿 的 意思。
Guò shēngrì shí, yídìng yào chī miàntiáo, biǎoshì chángshòu de yìsi.

中国人 非常 好客④, 喜欢 请 朋友 到 自己 家里 吃饭,
Zhōngguórén fēicháng hàokè, xǐhuan qǐng péngyou dào zìjǐ jiāli chīfàn,

并且 夫妇 两 人 一齐 动手 准备, 即使 自己 平日 的 生活
bìngqiě fūfù liǎng rén yìqí dòngshǒu zhǔnbèi, jíshǐ zìjǐ píngrì de shēnghuó

并 不 那么 富裕，对 客人 也 要 大大方方 的，什么 凉菜、
bìng bú nàme fùyù, duì kèren yě yào dàdàfāngfāng de, shénme liángcài、

热菜、高汤，应 有 尽 有⑤。一定 要 使 客人 酒 足 饭 饱⑥，
rècài、gāotāng, yīng yǒu jìn yǒu. Yídìng yào shǐ kèren jiǔ zú fàn bǎo,

主人 才 感到 满意。
zhǔrén cái gǎndào mǎnyì.

饭 后，一 杯 热气 腾腾 的 好 茶 是 必 不 可 缺 的。
Fàn hòu, yì bēi rèqì téngténg de hǎo chá shì bì bù kě quē de.

北方人 喜欢 喝 茉莉 花茶，南方人 多 喜欢 喝 绿茶。福建
Běifāngrén xǐhuan hē mòlì huāchá, nánfāngrén duō xǐhuan hē lǜchá. Fújiàn

的 铁观音、台湾 的 乌龙茶，不仅 气味 芳香 浓郁，据说
de tiěguānyīn、Táiwān de wūlóngchá, bùjǐn qìwèi fāngxiāng nóngyù, jùshuō

长期 饮用 还 有 减肥 的 功能，因此，也 深 受 人们
chángqī yǐnyòng hái yǒu jiǎnféi de gōngnéng, yīncǐ, yě shēn shòu rénmen

欢迎。
huānyíng.

●旧時をしのばせる茶館

①著　　称：著名な。

②百吃不厌：何度食べてもまだ飽きない。

③目惊口呆：目をみはり、口をあけて驚いているようす。

④好　　客：お客を喜んで接待する、客に対して親切である。

⑤应有尽有：あるべき物はすべてある、何でも全部そろっていることの形
　　　　　　容。

⑥酒足饭饱：たくさん飲んで十分食べること。

【問　い】

1．中国人的饮食生活习惯为什么不同？

2．中国从什么时候就开始研究吃的艺术？

3．中国人的主食以什么为主？

4．南方人喜欢吃什么？北方人喜欢吃什么？

5．在吃的方面，各地的口味有差异吗？

6．江浙和广东一带的人，做菜的特点是什么？你能举一个例子说明吗？

7．北方人做菜的特点是什么？请举例说明。

8．山东人喜欢吃什么？

9．湖南人、四川人最喜欢吃什么？喜欢到了什么程度？

10．山西人的口味怎么样？

11．中国人习惯每天吃几顿饭？俗语怎么说？

12．早饭时，人们常常吃什么？

13．过生日时吃什么？有什么意思吗？

14．中国人好客吗？请具体介绍一下？

15．你所知道的中国茶有哪些？

15 中国 的 酒 和 烟
Zhōngguó de jiǔ hé yān

关于 酒 的 起源, 在 中国 说法 不一。 有的 说 始 于
Guānyú jiǔ de qǐyuán, zài Zhōngguó shuōfǎ bùyī. Yǒude shuō shǐ yú

夏朝, 也 有的 说 始于 周朝 的 杜康。 不管 哪 种 说法,
Xiàcháo, yě yǒude shuō shǐ yú Zhōucháo de Dù Kāng. Bùguǎn nǎ zhǒng shuōfǎ,

酒 在 中国 已 有 三千 到 四千 年 的 历史 了。
jiǔ zài Zhōngguó yǐ yǒu sānqiān dào sìqiān nián de lìshǐ le.

在 漫长 的 历史 长河 中, 中国 历代 英雄 豪杰、
Zài màncháng de lìshǐ chánghé zhōng, Zhōngguó lìdài yīngxióng háojié、

文墨 诗人 都 借 酒 抒情, 给 后人 留下了 大量 感 人 肺
wénmò shīrén dōu jiè jiǔ shūqíng, gěi hòurén liúxiàle dàliàng gǎn rén fèi

腑① 的 作品, 至今 被 人 传颂。 魏 武帝 曹 操 曾 做
fǔ de zuòpǐn, zhìjīn bèi rén chuánsòng. Wèi Wǔdì Cáo Cāo céng zuò

短歌行, 其中 有:
duǎngēxíng, qízhōng yǒu:

"对 酒 当 歌, 人生 几何? 比如 朝露, 去 日 苦 多。 慨当
"Duì jiǔ dāng gē, rénshēng jǐhé? Bǐrú zhāolù, qù rì kǔ duō. Kǎidāng

以慷, 忧思 难忘。 何 以 解 忧? 惟 有 杜 康"。
yǐkāng, yōusī nánwàng. Hé yǐ jiě yōu? Wéi yǒu Dù Kāng".

唐朝 著名 诗人 李 白 更 是 以 酒 为 伴, 一 醉 方
Tángcháo zhùmíng shīrén Lǐ Bái gèng shì yǐ jiǔ wéi bàn, yí zuì fāng

休②。 现今 中国 名酒 之 一, 山西省 杏花村 产 的 汾酒,
xiū. Xiànjīn Zhōngguó míngjiǔ zhī yī, Shānxīshěng Xìnghuācūn chǎn de fénjiǔ,

还 在 酒瓶 上 印 有 诗人 杜 牧 的 诗句："借问 酒家 何
hái zài jiǔpíng shang yìn yǒu shīrén Dù Mù de shījù: "Jièwèn jiǔjiā hé

处 有， 牧童 遥 指 杏花村"。
chù yǒu, mùtóng yáo zhǐ Xìnghuācūn".

　　中国酒 的 种类 不下 几 百 种， 名酒 也 有 几十 种。
　　Zhōngguójiǔ de zhǒnglèi bú xià jǐ bǎi zhǒng, míngjiǔ yě yǒu jǐshí zhǒng.

但 酿造 方法 及 所 用 材料 只 有 两 种， 一 种 是
Dàn niàngzào fāngfǎ jí suǒ yòng cáiliào zhǐ yǒu liǎng zhǒng, yì zhǒng shì

用 米 酿造 的 黄酒， 另 一 种 是 白酒， 大多 用 高粱
yòng mǐ niàngzào de huángjiǔ, lìng yì zhǒng shì báijiǔ, dàduō yòng gāoliang

等 酿造。 如 人们 所 熟悉 的 绍兴酒、 茅台酒、 五粮液、 汾酒
děng niàngzào. Rú rénmen suǒ shúxī de shàoxīngjiǔ, máotáijiǔ, wǔliángyè, fénjiǔ

……。 中国酒 的 度数 都 较 高， 像 汾酒 六十五 度， 茅台酒
……. Zhōngguójiǔ de dùshù dōu jiào gāo, xiàng fénjiǔ liùshíwǔ dù, máotáijiǔ

五十五 度。
wǔshíwǔ dù.

　　中国人 很 喜欢 喝 酒， 在 节假日 或 家里 来 朋友 时，
　　Zhōngguórén hěn xǐhuan hē jiǔ, zài jiéjiàrì huò jiāli lái péngyou shí,

一定 要 准备 酒， 啤酒、 葡萄酒 和 白酒 是 最 常见 的， 近
yídìng yào zhǔnbèi jiǔ, píjiǔ, pútaojiǔ hé báijiǔ shì zuì chángjiàn de, jìn

些 年来， 外国 的 洋酒 也 开始 进入 市场， 颇 受 白领 阶层
xiē niánlái, wàiguó de yángjiǔ yě kāishǐ jìnrù shìchǎng, pō shòu báilǐng jiēcéng

的 欢迎。
de huānyíng.

　　无论 在 宴会 上 或 朋友 聚会 时， 常常 听到
　　Wúlùn zài yànhuì shang huò péngyou jùhuì shí, chángcháng tīngdào

● 紹興酒

"干杯" 的 声音。 以前 中国 的 习惯 是 干杯 时 要 一 口
"gānbēi" de shēngyīn. Yǐqián Zhōngguó de xíguàn shì gānbēi shí yào yì kǒu

把 酒 喝下, 将 杯底 亮给 对方 看 才 够 意思。 而 现在
bǎ jiǔ hēxià, jiāng bēidǐ liànggěi duìfāng kàn cái gòu yìsi. Ér xiànzài

"干杯" 只 不过 是 一 种 形式, 喝 半 杯, 喝 一 口 都
"gānbēi" zhǐ búguò shì yì zhǒng xíngshì, hē bàn bēi, hē yì kǒu dōu

无所谓③。 特别 是 在 喝 烈性 酒 时, 如果 真 的 "干" 几 次
wúsuǒwèi. Tèbié shì zài hē lièxìng jiǔ shí, rúguǒ zhēn de "gān" jǐ cì

杯 的 话, 头 就 会 胀起来, 甚至 喝醉。 中国人 喝 酒, 一般
bēi de huà, tóu jiù huì zhàngqǐlái, shènzhì hēzuì. Zhōngguórén hē jiǔ, yìbān

控制 在 不 醉 的 程度。 所以 无论 在 饭馆儿 或 大街 上,
kòngzhì zài bú zuì de chéngdù. Suǒyǐ wúlùn zài fànguǎnr huò dàjiē shang,

几乎 看不到 喝得 酩酊 大醉④ 的 人。 中国人 把 喝醉了 的
jīhū kànbudào hēde mǐngdǐng dàzuì de rén. Zhōngguórén bǎ hēzuìle de

人 叫 醉鬼, 把 每 天 喝 酒 的 人 叫 酒鬼。
rén jiào zuìguǐ, bǎ měi tiān hē jiǔ de rén jiào jiǔguǐ.

以前, 中国 专门 的 酒店 不 多, 尤其 是 高级 的 酒店
Yǐqián, Zhōngguó zhuānmén de jiǔdiàn bù duō, yóuqí shì gāojí de jiǔdiàn

更　少。现在，　出现了　数不清　的　酒吧，　人们　可以　在　这里　品
gèng shǎo. Xiànzài, chūxiànle shǔbuqīng de jiǔbā, rénmen kěyǐ zài zhèli pǐn

酒　吃　菜，会　友　聊天，　商谈　工作。酒吧　既是　中国人　的
jiǔ chī cài, huì yǒu liáotiān, shāngtán gōngzuò. Jiǔbā jìshì Zhōngguórén de

一　种　新　的　消费　时尚，　也　是　他们　休闲　的　新　方式。
yì zhǒng xīn de xiāofèi shíshàng, yě shì tāmen xiūxián de xīn fāngshì.

有时　在　结婚　的　宴席　上，　不仅　可以　看到　不断　干杯，
Yǒushí zài jiéhūn de yànxí shang, bùjǐn kěyǐ kàndào búduàn gānbēi,

还　可　见到　划拳　的。朋友们　都　向　新娘　新郎　敬　酒，
hái kě jiàndào huáquán de. Péngyoumen dōu xiàng xīnniáng xīnláng jìng jiǔ,

亲属们　怕　把　他(她)们　灌醉，　有　代　喝　的　习惯。
qīnshǔmen pà bǎ tā(tā)men guànzuì, yǒu dài hē de xíguàn.

谈到　酒，自然　就　会　想到　烟。中国　有　句　俗语："烟
Tándào jiǔ, zìrán jiù huì xiǎngdào yān. Zhōngguó yǒu jù súyǔ: "yān

酒　不　分　家"。递　一　支　烟，敬　一　杯　酒，就　会　自然　成了
jiǔ bù fēn jiā". Dì yì zhī yān, jìng yì bēi jiǔ, jiù huì zìrán chéngle

朋友。有　人　说，烟　酒　是　搞　关系　的　润滑剂。此　话　虽然
péngyou. Yǒu rén shuō, yān jiǔ shì gǎo guānxi de rùnhuájì. Cǐ huà suīrán

有　一定　的　道理，但　近年来，戒　烟　的　人，越　来　越　多　了。
yǒu yídìng de dàoli, dàn jìnniánlái, jiè yān de rén, yuè lái yuè duō le.

●さまざまなタバコ

82

【語　句】

①感人肺腑：人の心を深く感動させる。

②一醉方休：酔ったらそこで初めて止める。

③无　所　谓：問題にしない、関係ない。

④酩酊大醉：酩酊、酔ってぼんやりした様子。酒に酔ってぼんやりしている
　　　　　　ことを形容する。

【問　い】

1．酒在中国有多长的历史了？

2．中国酒的种类有多少？

3．你知道的中国名酒都有哪些？

4．中国酒的度数怎么样？

5．按以前的习惯，"干杯"时必须怎样？现在呢？

6．中国人喝酒的习惯与日本人有什么不同？

7．中国人把特别喜欢喝酒的人叫什么？

8．中国人把喝醉的人叫什么？

9．在中国专门的酒店多吗？

10．酒吧受中国人的欢迎吗？

11．在结婚宴席上，可以不断听到什么声音？看到什么？

12．你喝过中国酒吗？最喜欢的是什么酒？

13．中国人喝酒时，一般控制在什么程度？

14．除了白酒以外，还有哪些酒受人们欢迎？

15．关于烟和酒，中国有句俗语是什么？

16 中国 的 传统 节日
Zhōngguó de chuántǒng jiérì

在 中国, 主要 的 传统 节日 有 春节、 元宵节、
Zài Zhōngguó, zhǔyào de chuántǒng jiérì yǒu Chūnjié、 Yuánxiāojié、

端午节、 中秋节。
Duānwǔjié、 Zhōngqiūjié.

春节 是 中国 最 大 的 节日。 在 农历 正月 初一。 但是
Chūnjié shì Zhōngguó zuì dà de jiérì. Zài nónglì zhēngyuè chūyī. Dànshì

人们, 尤其 在 农村, 从 腊月 二十三 就 开始了 各 种 过年
rénmen, yóuqí zài nóngcūn, cóng làyuè èrshísān jiù kāishǐle gè zhǒng guònián

的 活动, 俗称 过 小年。
de huódòng, súchēng guò xiǎonián.

春节 的 头 一 天 晚上 叫 "除夕"。 除夕 之 夜, 人们
Chūnjié de tóu yì tiān wǎnshang jiào "chúxī". Chúxī zhī yè, rénmen

整夜 不 睡, 等待 天 亮, 叫 守岁。 除夕 的 习惯 是 人们
zhěngyè bú shuì, děngdài tiān liàng, jiào shǒusuì. Chúxī de xíguàn shì rénmen

都 要 吃 水饺儿, 有些 地方, 初一 还 要 吃 一 天 饺子, 而且
dōu yào chī shuǐjiǎor, yǒuxiē dìfang, chūyī hái yào chī yì tiān jiǎozi, érqiě

是 素馅儿 的, 表示 一 年 "肃肃静静, 平安 无 事" 的 意思。
shì sùxiànr de, biǎoshì yì nián "sùsùjìngjìng, píng'ān wú shì" de yìsi.

以前, 除夕 之 夜, 家家 户户 都 放 鞭炮, 震 耳 欲 聋①,
Yǐqián, chúxī zhī yè, jiājiā hùhù dōu fàng biānpào, zhèn ěr yù lóng,

光焰 耀眼。 但 最近, 在 一些 城市 里 不 准 放 鞭炮
guāngyàn yàoyǎn. Dàn zuìjìn, zài yìxiē chéngshì li bù zhǔn fàng biānpào

84

正月 初一：春节	正月 十五：元宵节
Zhēngyuè chūyī： Chūnjié	Zhēngyuè shíwǔ： Yuánxiāojié
四月 五 日 或 四 日：清明节	五月 初五：端午节
Sìyuè wǔ rì huò sì rì： Qīngmíngjié	Wǔyuè chūwǔ： Duānwǔjié
八月 十五：中秋节	九月 初九：重阳节
Bāyuè shíwǔ： Zhōngqiūjié	Jiǔyuè chūjiǔ： Chóngyángjié

了。 人们 多少 觉得 有点儿 寂寞。
le. Rénmen duōshǎo juéde yǒudiǎnr jìmò.

　　春节 也 是 人们 团圆 的 日子， 亲戚 之 间， 分居 两
　　Chūnjié yě shì rénmen tuányuán de rìzi, qīnqi zhī jiān, fēnjū liǎng

地 的 夫妇 都 要 赶回 家 去， 共 享 团圆 之 乐。 春节
dì de fūfù dōu yào gǎnhuí jiā qù, gòng xiǎng tuányuán zhī lè. Chūnjié

时， 人们 还 有 互相 拜年② 的 习惯， 无论 亲友、 同事、 领导
shí, rénmen hái yǒu hùxiāng bàinián de xíguàn, wúlùn qīnyǒu、 tóngshì、 lǐngdǎo

都 互相 访问， 或 电话 拜年。 预祝 新 的 一 年 健康、
dōu hùxiāng fǎngwèn, huò diànhuà bàinián. Yùzhù xīn de yì nián jiànkāng、

顺利、 幸福。
shùnlì、 xìngfú.

　　农历 正月 十五 是 元宵节。 这 天 人们 有 吃 元宵
　　Nónglì zhēngyuè shíwǔ shì Yuánxiāojié. Zhè tiān rénmen yǒu chī yuánxiāo

和 观灯 的 习惯。 元宵 是 用 糯米粉 作成 的 一 种
hé guāndēng de xíguàn. Yuánxiāo shì yòng nuòmǐfěn zuòchéng de yì zhǒng

圆形 食物， 里边 有 馅儿。 用 开水 煮熟 后， 连 汤 一起
yuánxíng shíwù, lǐbian yǒu xiànr. Yòng kāishuǐ zhǔshóu hòu, lián tāng yìqǐ

食用。元宵节是一年中的第一个月圆之夜，吃
shíyòng. Yuánxiāojié shì yì nián zhōng de dì yī ge yuèyuán zhī yè, chī

元宵象征团圆吉利。元宵节又叫灯节，这天，各
yuánxiāo xiàngzhēng tuányuán jílì. Yuánxiāojié yòu jiào dēngjié, zhè tiān, gè

地都组织灯会，心灵手巧③的人们制作各种精致
dì dōu zǔzhī dēnghuì, xīn líng shǒu qiǎo de rénmen zhìzuò gè zhǒng jīngzhì

的、具有中国民族特色的宫灯、花卉灯、动物灯……，
de、jùyǒu Zhōngguó mínzú tèsè de gōngdēng、huāhuìdēng、dòngwùdēng ……,

丰富多彩、琳琅满目④。孩子们提着小灯笼在大街
fēngfù duōcǎi、lín láng mǎn mù. Háizimen tízhe xiǎo dēnglong zài dàjiē

小巷⑤高兴地玩耍，充满了喜气洋洋的节日气氛。
xiǎoxiàng gāoxìng de wánshuǎ, chōngmǎnle xǐqì yángyáng de jiérì qìfēn.

农历五月初五是端午节。据说，端午节是为了纪念
Nónglì wǔyuè chūwǔ shì Duānwǔjié. Jùshuō, Duānwǔjié shì wèile jìniàn

两千多年前，因忧国忧民而投江自杀的战国
liǎngqiān duō nián qián, yīn yōu guó yōu mín ér tóujiāng zìshā de Zhànguó

时代的伟大诗人屈原的节日。由于人们敬爱屈原，
shídài de wěidà shīrén Qū Yuán de jiérì. Yóuyú rénmen jìng'ài Qū Yuán,

争相划船在江中打捞屈原的尸体，并把
zhēng xiāng huá chuán zài jiāng zhōng dǎlāo Qū Yuán de shītǐ, bìng bǎ

一包包粽子投入江中当做祭品。这就是粽子和赛
yì bāobāo zòngzi tóurù jiāng zhōng dàngzuò jìpǐn. Zhè jiùshì zòngzi hé sài

龙船的起源。
lóngchuán de qǐyuán.

端午节吃粽子，已成为人们的共同习惯。粽子的
Duānwǔjié chī zòngzi, yǐ chéngwéi rénmen de gòngtóng xíguàn. Zòngzi de

品种　花样　极多，有　豆沙、什锦、火腿　等　十几　种　馅儿。
pǐnzhǒng huāyàng jí duō, yǒu dòushā、 shíjǐn、 huǒtuǐ děng shíjǐ zhǒng xiànr.

南方　水乡　还有　赛　龙船　的　习惯。比赛　那　天，江
Nánfāng shuǐxiāng háiyǒu sài lóngchuán de xíguàn. Bǐsài nà tiān, jiāng

中　岸　上　锣鼓　喧天，喊声　不断，热闹　紧张　的　场面
zhōng àn shang luógǔ xuāntiān, hǎnshēng búduàn, rènào jǐnzhāng de chǎngmiàn

使　人　难忘。
shǐ rén nánwàng.

除　此　以外，有些　地方　还　在　端午节　这　天，在　门　上
Chú cǐ yǐwài, yǒuxiē dìfang hái zài Duānwǔjié zhè tiān, zài mén shang

插上　菖蒲　和　艾叶，贴上　神符，喝　朱砂　雄黄酒，为　的
chāshàng chāngpú hé àiyè, tiēshàng shénfú, hē zhūshā xiónghuángjiǔ, wèi de

是　除　病　避　邪　迎　福。
shì chú bìng bì xié yíng fú.

农历　八月　十五　是　秋季　的　正中，所以　叫　中秋节。这
Nónglì bāyuè shíwǔ shì qiūjì de zhèngzhōng, suǒyǐ jiào Zhōngqiūjié. Zhè

时　天　高　气　爽，空中　没有　一　丝　浮云，月亮　也　显得
shí tiān gāo qì shuǎng, kōngzhōng méiyǒu yì sī fúyún, yuèliang yě xiǎnde

比　平时　分外　明亮，是　赏月　的　最　好　时刻。人们　常常
bǐ píngshí fènwài míngliàng, shì shǎngyuè de zuì hǎo shíkè. Rénmen chángcháng

一边　吃着　表示　团圆　的　月饼，一边　欣赏着　天上　的
yìbiān chīzhe biǎoshì tuányuán de yuèbing, yìbiān xīnshǎngzhe tiānshàng de

圆月，思念着　远离　自己　的　亲人。宋代　词人　苏　轼　著名　的
yuányuè, sīniànzhe yuǎnlí zìjǐ de qīnrén. Sòngdài círén Sū Shì zhùmíng de

中秋词　"但　愿　人　长久，千　里　共　婵　娟"　表达了　人们
zhōngqiūcí "Dàn yuàn rén chángjiǔ, qiān lǐ gòng chán juān" biǎodále rénmen

在　中秋　之　夜，　怀念　亲人、　盼望　和　亲人　早日　团圆　的
zài zhōngqiū zhī yè, huáiniàn qīnrén, pànwàng hé qīnrén zǎorì tuányuán de

真挚　情感。
zhēnzhì qínggǎn.

【語　句】

① 震耳欲聾：耳を震わせて聞こえなくなりそうになる。音が大きいことの形容。

② 拜　　年：年始の挨拶。

③ 心霊手巧：頭がよく働いて手先が器用である。

④ 琳琅満目：見わたすかぎりすべて珍貴な物である。立派な事物の多いことの形容。

⑤ 大街小巷：都市内の各処の大通りと路地を総称していう。

【問　い】

1．在中国，主要的传统节日有哪些？

2．"过小年"是什么意思？

3．什么是"守岁"？

4．除夕那天，一般人们都有吃什么的习惯？

5．为什么说春节是人们团圆的日子？

6．春节时，人们有什么习惯？

7．农历正月十五是什么节日？

8．元宵是什么？吃元宵象征着什么？

9．端午节是几月几号？这个节日是怎么来的？

10．端午节这天人们共同的习惯是什么？

11．南方水乡在端午节这天还有什么习惯？

12．农历八月十五日是什么节日？

13．中秋节的时候，天气怎么样？

14．过中秋节，人们有什么习惯？

15．宋代词人苏轼著名的中秋词"但愿人长久，千里共婵娟"表达了什么思想感情？

17 中国 的 服装 和 住房
Zhōngguó de fúzhuāng hé zhùfáng

中国 有 这样 一 句 俗话: "人 在 衣服 马 在 鞍"。可见,
Zhōngguó yǒu zhèyang yí jù súhuà: "Rén zài yīfu mǎ zài ān". Kějiàn,

中国人 历来 对 穿着 打扮 是 相当 讲究 的。然而, 随着
Zhōngguórén lìlái duì chuānzhuó dǎbàn shì xiāngdāng jiǎngjiu de. Rán'ér, suízhe

社会 的 发展 变化, 中国 在 服装 方面 的 变化 也 是
shèhuì de fāzhǎn biànhuà, Zhōngguó zài fúzhuāng fāngmiàn de biànhuà yě shì

相当 大 的。
xiāngdāng dà de.

解放 前, 在 城市 里 的 大 公司 或 洋行 工作 的
Jiěfàng qián, zài chéngshì li de dà gōngsī huò yángháng gōngzuò de

男人 多 穿 西服, 而 做 买卖 和 普通 的 人 常 穿
nánrén duō chuān xīfú, ér zuò mǎimai hé pǔtōng de rén cháng chuān

长袍、 马褂儿①, 女人 穿 旗袍。解放 初, 男人 女人 都 以
chángpáo、 mǎguàr, nǚrén chuān qípáo. Jiěfàng chū, nánrén nǚrén dōu yǐ

穿 制服 和 裤子 为 主。一九五五 年 前后, 服装 的 样式
chuān zhìfú hé kùzi wéi zhǔ. Yījiǔwǔwǔ nián qiánhòu, fúzhuāng de yàngshì

和 颜色 开始 走向 多样化, 但 文化 大革命 期间, 由于
hé yánsè kāishǐ zǒuxiàng duōyànghuà, dàn Wénhuà Dàgémìng qījiān, yóuyú

"四人帮" 搞 极左 路线, 把 新颖 漂亮 的 服装 视为
"sìrénbāng" gǎo jízuǒ lùxiàn, bǎ xīnyǐng piàoliang de fúzhuāng shìwéi

资产 阶级 式样, 把 平时 讲究 穿戴 的 人 批评为 追求
zīchǎn jiējí shìyàng, bǎ píngshí jiǎngjiu chuāndài de rén pīpíngwéi zhuīqiú

●上海の住宅事情

资产　阶级　生活　方式。一时间，　人们　的　服装　又　变成了
zīchǎn　jiējí　shēnghuó fāngshì.　Yìshíjiān,　rénmen de　fúzhuāng yòu biànchéngle

清一色，　不　分　男女　老幼　都　是　蓝、　灰、　绿、　白色　的　衣服。
qīngyísè,　bù　fēn nánnǚ lǎoyòu dōu shì　lán、　huī、　lǜ、　báisè de　yīfu.

打倒　"四人帮"　后，　服装　的　样式　又　空前　多了起来，
Dǎdǎo "sìrénbāng" hòu,　fúzhuāng de　yàngshì yòu kōngqián duōleqǐlái,

尤其　是　妇女　和　孩子们　更　是　穿得　花花绿绿、　光彩　耀眼，
yóuqí shì　fùnǚ hé　háizimen gèng shì chuānde huāhuālǜlǜ、　guāngcǎi yàoyǎn,

追求　时尚，　穿出　个性，　不　怕　花　钱，　成了　当今　的　时髦
zhuīqiú shíshàng, chuānchū gèxìng,　bú　pà huā qián, chéngle dāngjīn de shímáo

和　潇洒。
hé xiāosǎ.

在　住房　方面，　中国　农村　和　城市　的　居住　环境
Zài zhùfáng fāngmiàn,　Zhōngguó nóngcūn hé chéngshì de jūzhù huánjìng

和　条件　是　明显　不　同　的。　农民　的　房子　都　是　自己　的，
hé tiáojiàn shì míngxiǎn bù tóng de.　Nóngmín de　fángzi dōu shì zìjǐ de,

而且　比较　宽敞。　但　城市　住房　就　拥挤得　多　了。居民
érqiě bǐjiào kuānchǎng.　Dàn chéngshì zhùfáng jiù yōngjǐde duō le.　Jūmín

住房 大体 分为 两 类，一 类 是 单元式 楼房，大多 是 五
zhùfáng dàtǐ fēnwéi liǎng lèi, yí lèi shì dānyuánshì lóufáng, dàduō shì wǔ

层 左右，最近 几 年，城市 里 兴建了 许多 高层 公寓。
céng zuǒyòu, zuìjìn jǐ nián, chéngshì li xīngjiànle xǔduō gāocéng gōngyù.

现在 越 来 越 多 的 人 喜欢 住 这 种 公寓，因为 格局
Xiànzài yuè lái yuè duō de rén xǐhuan zhù zhè zhǒng gōngyù, yīnwèi géjú

合理，又 可以 安装 洗澡 设备，在 生活 上 比 过去 方便
hélǐ, yòu kěyǐ ānzhuāng xǐzǎo shèbèi, zài shēnghuó shang bǐ guòqù fāngbiàn

多 了。以前 人们 住 的 房子 都 是 国家 的，房租 便宜。现在
duō le. Yǐqián rénmen zhù de fángzi dōu shì guójiā de, fángzū piányi. Xiànzài

进行 住房 改革，很 多 人 都 买了 自己 住 的 房子。有 钱
jìnxíng zhùfáng gǎigé, hěn duō rén dōu mǎile zìjǐ zhù de fángzi. Yǒu qián

的 人 还 可以 选购 高级 的 商品房。
de rén hái kěyǐ xuǎngòu gāojí de shāngpǐnfáng.

另 一 类 是 古老 的 平房，以 北京 的 四合院 为 最
Lìng yí lèi shì gǔlǎo de píngfáng, yǐ Běijīng de sìhéyuàn wéi zuì

典型。所谓 四合院，就是 四面 是 房子，中间 是 院子。北房
diǎnxíng. Suǒwèi sìhéyuàn, jiùshì sìmiàn shì fángzi, zhōngjiān shì yuànzi. Běifáng

大多 较 高大，冬 暖 夏 凉，最 受 住户 欢迎，其次 是
dàduō jiào gāodà, dōng nuǎn xià liáng, zuì shòu zhùhù huānyíng, qícì shì

西房。普通 的 四合院 里，一般 住着 四、五 户 人家，但 也
xīfáng. Pǔtōng de sìhéyuàn li, yìbān zhùzhe sì、 wǔ hù rénjiā, dàn yě

有 不 太 大 的 院子 里 却 住 有 十几 家 的，人们 把 这
yǒu bú tài dà de yuànzi li què zhù yǒu shíjǐ jiā de, rénmen bǎ zhè

种 院子 叫做 大杂院。
zhǒng yuànzi jiàozuò dàzáyuàn.

住 平房 的 人们 感到 最 不 方便 的 是 院内 没有
Zhù píngfáng de rénmen gǎndào zuì bù fāngbiàn de shì yuànnèi méiyǒu

厕所, 上 厕所 要 到 胡同 或 马路 旁 的 公共 厕所。夏天
cèsuǒ, shàng cèsuǒ yào dào hútòng huò mǎlù páng de gōnggòng cèsuǒ. Xiàtiān

还 无所谓, 当 寒 风 刺 骨 的 冬季 到来 时, 对 老人 来
hái wúsuǒwèi, dāng hán fēng cì gǔ de dōngjì dàolái shí, duì lǎorén lái

说, 上 厕所 简直 成了 负担。另外, 用 水 不 方便 也
shuō, shàng cèsuǒ jiǎnzhí chéngle fùdān. Lìngwài, yòng shuǐ bù fāngbiàn yě

常 使 人们 伤 脑筋。
cháng shǐ rénmen shāng nǎojīn.

当然, 北京 也 有 许多 造型 美观 而 有 气魄 的 深宅
Dāngrán, Běijīng yě yǒu xǔduō zàoxíng měiguān ér yǒu qìpò de shēnzhái

大院, 这 都 是 过去 王公 贵族们 的 王府, 现在 大都
dàyuàn, zhè dōu shì guòqù wánggōng guìzúmen de wángfǔ, xiànzài dàdōu

变成了 医院、 图书馆 和 学校 了。
biànchéngle yīyuàn、 túshūguǎn hé xuéxiào le.

"文革" 以前, 城里 有 许多 私人 房产, "文革" 中, 私房
"Wéngé" yǐqián, chéngli yǒu xǔduō sīrén fángchǎn, "Wéngé" zhōng, sīfang

全部 收归 国有。 现在 随着 私房 政策 的 落实, 基本上 已
quánbù shōuguī guóyǒu. Xiànzài suízhe sīfang zhèngcè de luòshí, jīběnshang yǐ

将 私房 退还给 本人 了。
jiāng sīfang tuìhuángěi běnrén le.

①马褂儿：旧時男子が長い着物の上に着た、前立てがつき、あわせの短い上
　　　　着。元は満洲人が馬に乗る時の服装。

【問　い】

1．在穿着打扮方面，中国有一句俗语是什么？

2．中国在服装方面的变化，与什么有关系？

3．解放后，中国服装有了什么变化？

4．“文革”期间，怎样对待比较讲究穿戴的人？服装以什么颜色为主？

5．在“四人帮”的极左路线下，中国人在穿戴方面变成了什么样子？

6．“文革”以后的今天，中国在服装方面有了什么明显的变化？

7．住房改革以后有什么变化？

8．农村和城市的居住条件一样吗？

9．城市居民住房大体分几类？

10．人们喜欢住单元式楼房吗？为什么？

11．什么是四合院？

12．住平房的人们感到最不方便的是什么？

13．什么是大杂院？

14．最近北京在城市基本建设方面的最大特点之一是什么？

15．目前，中国政府对私人房产的政策是什么？

18　中国人　的　家庭　观念
Zhōngguórén　de　jiātíng　guānniàn

中国　几　千　年　的　封建　社会　是　以　一　家　一　户　的
Zhōngguó　jǐ　qiān　nián　de　fēngjiàn　shèhuì　shì　yǐ　yǐ　jiā　yǐ　hù　de

小农　经济①　为　主体　的。自　给　自　足　的　经济　体制　及　封建
xiǎonóng　jīngjì　wéi　zhǔtǐ　de.　Zì　jǐ　zì　zú　de　jīngjì　tǐzhì　jí　fēngjiàn

王朝　闭　关　自　守　的　政策，使　人们　一生　几乎　是　固定
wángcháo　bì　guān　zì　shǒu　de　zhèngcè,　shǐ　rénmen　yìshēng　jīhū　shì　gùdìng

在　一　个　有限　的　范围　内，从事　劳动　和　商品　交换，过着
zài　yí　ge　yǒuxiàn　de　fànwéi　nèi,　cóngshì　láodòng　hé　shāngpǐn　jiāohuàn,　guòzhe

小康　的　生活。
xiǎokāng　de　shēnghuó.

　　在　广阔　的　农村　中，村落　的　名称，　像　赵村、
　　Zài　guǎngkuò　de　nóngcūn　zhōng,　cūnluò　de　míngchēng,　xiàng　Zhàocūn、

李家庄、　张家店、　王家屯　……　比　比　皆　是②。住在　这些
Lǐjiāzhuāng、　Zhāngjiādiàn、　Wángjiātún　……　bǐ　bǐ　jiē　shì.　Zhùzài　zhèxiē

村里　的　人，几乎　都　是　同姓。追溯　他们　的　祖先，原来　都
cūnli　de　rén,　jīhū　dōu　shì　tóngxìng.　Zhuīsù　tāmen　de　zǔxiān,　yuánlái　dōu

有　亲族　血缘　关系。
yǒu　qīnzú　xuèyuán　guānxi.

　　中国人　自　古　以来，家庭　观念　就　较　重。一般人　都
　　Zhōngguórén　zì　gǔ　yǐlái,　jiātíng　guānniàn　jiù　jiào　zhòng.　Yìbānrén　dōu

不　愿意　离开　家乡，老人们　也　不　愿意　儿女　远　走　高　飞，
bú　yuànyì　líkāi　jiāxiāng,　lǎorénmen　yě　bú　yuànyì　érnǚ　yuǎn　zǒu　gāo　fēi,

除非 由于 自然 灾害、 战争 或 生活 所 迫 而 迁居, 这
chúfēi yóuyú zìrán zāihài、 zhànzhēng huò shēnghuó suǒ pò ér qiānjū, zhè

叫 "背 井 离 乡"。 即使 为了 功名 上 京城 参加 考试,
jiào "bèi jǐng lí xiāng". Jíshǐ wèile gōngmíng shàng jīngchéng cānjiā kǎoshì,

也 常用 "男儿 立志 出 乡关, 何处 青山 不 埋 人" 来
yě chángyòng "nán'ér lìzhì chū xiāngguān, héchù qīngshān bù mái rén" lái

激励 自己。 当 功名 已 就, 不 少 人 也 还是 要 衣 锦
jīlì zìjǐ. Dāng gōngmíng yǐ jiù, bù shǎo rén yě háishi yào yī jǐn

还 乡 的。
huán xiāng de.

在 现代 家庭 里, 中国人 仍 很 重视 孝道。 孝顺
Zài xiàndài jiātíng li, Zhōngguórén réng hěn zhòngshì xiàodào. Xiàoshùn

父母、 尊敬 长辈, 被 看做 是 一 个 人 应 有 的 起码 道德。
fùmǔ、 zūnjìng zhǎngbèi, bèi kànzuò shì yí ge rén yīng yǒu de qǐmǎ dàodé.

在 农村, 儿女 结婚 后, 多 与 老人 住在 一起, 四 世 同 堂,
Zài nóngcūn, érnǚ jiéhūn hòu, duō yǔ lǎorén zhùzài yìqǐ, sì shì tóng táng,

子孙 满房 的 话, 这个 家庭 会 感到 无尚 光荣, 而且 也
zǐsūn mǎnfáng de huà, zhège jiātíng huì gǎndào wúshàng guāngróng, érqiě yě

会 被 四邻们 所 羡慕。 父母 丧失 劳动力 以后, 赡养 父母
huì bèi sìlínmen suǒ xiànmù. Fùmǔ sàngshī láodònglì yǐhòu, shànyǎng fùmǔ

是 儿女 义 不 容 辞③ 的 责任。 在 城市, 由于 住房 紧张
shì érnǚ yì bù róng cí de zérèn. Zài chéngshì, yóuyú zhùfáng jǐnzhāng

等 原因, 儿女 婚后 大 多数 单独 生活。 已 退休 的 父母,
děng yuányīn, érnǚ hūnhòu dà duōshù dāndú shēnghuó. Yǐ tuìxiū de fùmǔ,

虽然 有 退休金, 但 不 少 儿女, 每 月 还 给 父母 一些
suīrán yǒu tuìxiūjīn, dàn bù shǎo érnǚ, měi yuè hái gěi fùmǔ yìxiē

96

●親子でお参り

生活费　　或　　零用钱，　　表示　　心意，　以　使　父母　生活得　　更
shēnghuófèi　huò　língyòngqián,　biǎoshì　xīnyì,　yǐ　shǐ　fùmǔ　shēnghuóde　gèng

松心、　愉快。　不　　孝顺　　父母　的　人，　不但　被　人　看不起，　　而且
sōngxīn、　yúkuài.　Bú　xiàoshùn　fùmǔ　de　rén,　búdàn　bèi　rén　kànbuqǐ,　érqiě

会　受到　　社会　　舆论　的　批评　和　谴责。
huì　shòudào　shèhuì　yúlùn　de　pīpíng　hé　qiǎnzé.

　　中国人　　不仅　家庭　　观念　　较　重，　而且　地方　　观念　　也
　　Zhōngguórén　bùjǐn　jiātíng　guānniàn　jiào　zhòng,　érqiě　dìfāng　guānniàn　yě

较　浓厚。　离开　故乡　的　人，　常　有　一　种　"独　在　异乡
jiào　nónghòu.　Líkāi　gùxiāng　de　rén,　cháng　yǒu　yì　zhǒng　"dú　zài　yìxiāng

为　异客，　每　逢　佳节　倍　思　亲"的　感情。　如果　在　异地　他乡
wéi　yìkè,　měi　féng　jiājié　bèi　sī　qīn"　de　gǎnqíng.　Rúguǒ　zài　yìdì　tāxiāng

听到了　　家乡　话，　则　感到　格外　亲切，　要是　遇到了　　同乡，　会
tīngdàole　jiāxiāng　huà,　zé　gǎndào　géwài　qīnqiè,　yàoshi　yùdàole　tóngxiāng,　huì

主动　打　招呼，　有时　还　请　对方　到　家中　款待　一　顿、　叙叙
zhǔdòng　dǎ　zhāohu,　yǒushí　hái　qǐng　duìfāng　dào　jiāzhōng　kuǎndài　yí　dùn、　xùxù

家常，　好象　遇到了　知音　一样。　即使　一些　远渡　重洋，　身居
jiācháng,　hǎoxiàng　yùdàole　zhīyīn　yíyàng.　Jíshǐ　yìxiē　yuǎndù　chóngyáng,　shēnjū

外国 的 华侨， 也 还 组织了 同乡会， 如 广东 同乡会、
wàiguó de huáqiáo, yě hái zǔzhīle tóngxiānghuì, rú Guǎngdōng tóngxiānghuì,

福建 同乡会 等。不 少 老 华侨 有"落 叶 归 根"的 想法，
Fújiàn tóngxiānghuì děng. Bù shǎo lǎo huáqiáo yǒu "luò yè guī gēn" de xiǎngfǎ,

希望 死在 故乡、 埋在 故乡， 才 感到 安慰。
xīwàng sǐzài gùxiāng、 máizài gùxiāng, cái gǎndào ānwèi.

浓重 的 家庭、亲族、乡土 观念， 自然 也 会 带来 一些
Nóngzhòng de jiātíng、 qīnzú、 xiāngtǔ guānniàn, zìrán yě huì dàilái yìxiē

弊病。如：狭隘 地方 主义、小 山头 主义、走 后门 等 不正
bìbìng. Rú: xiá'ài dìfāng zhǔyì, xiǎo shāntóu zhǔyì, zǒu hòumén děng búzhèng

之 风。 中国 解放 以后， 多 次 搞 学习 运动， 批判 各 种
zhī fēng. Zhōngguó jiěfàng yǐhòu, duō cì gǎo xuéxí yùndòng, pīpàn gè zhǒng

歪风 邪气， 大力 宣传 "全国 一盘棋"、"顾全 大局" 的 集体
wāifēng xiéqì, dàlì xuānchuán "quánguó yìpánqí"、 "gùquán dàjú" de jítǐ

主义 思想， 不断 掀起 向 英雄 模范 人物 学习 的 高潮。
zhǔyì sīxiǎng, búduàn xiānqǐ xiàng yīngxióng mófàn rénwù xuéxí de gāocháo.

这 虽然 有 一定 的 成效， 但 要 彻底 解决 问题， 还 需要
Zhè suīrán yǒu yídìng de chéngxiào, dàn yào chèdǐ jiějué wèntí, hái xūyào

相当 的 时间。
xiāngdāng de shíjiān.

【語　句】
①小农经济：農民の個体経済、一戸を生産単位とする。
②比比皆是：いずれもみな、数の多いさま。
③义不容辞：道義上、断われないことをいう。

【問　い】

1．中国几千年的封建社会，基本上是以什么为主体的？

2．中国人的家庭观念怎样？

3．什么叫"背井离乡"？

4．为什么说中国人很重视孝道？

5．在城市里，儿女结婚后，建立怎样的家庭？和父母保持怎样的关系？

6．儿女对父母有什么责任？

7．人们对不孝顺父母的人有什么看法？

8．在农村，什么样的家庭被大家羡慕？

9．离开故乡的人，常有一种什么感情？

10．在异地遇到了家乡人，常常会怎么做？

11．身居外国的华侨，喜欢组织什么？

12．一些老华侨常有什么思想？他们希望什么？

13．浓重的家庭观念、地方观念带来了一些什么弊病？

14．中国解放后，经常批判哪些不正之风？

15．现在中国大力宣传什么思想？效果怎样？

19 中国 的 婚俗
Zhōngguó de hūnsú

中国 经历了 几 千 年 封建 统治 的 历史, 在 漫长
Zhōngguó jīnglìle jǐ qiān nián fēngjiàn tǒngzhì de lìshǐ, zài màncháng

的 封建 社会 中, 中国 人民 受着 政权、 族权①、
de fēngjiàn shèhuì zhōng, Zhōngguó rénmín shòuzhe zhèngquán、 zúquán、

神权 的 统治, 而 妇女 还要 多 受 一 种 夫权 的 统治。
shénquán de tǒngzhì, ér fùnǚ hái yào duō shòu yì zhǒng fūquán de tǒngzhì.

封建 礼教 的 所谓 "夫 为 妻 纲"、 "在 家 从 父、 出 嫁
Fēngjiàn lǐjiào de suǒwèi "fū wéi qī gāng"、 "zài jiā cóng fù、 chū jià

从 夫、 夫 死 从 子" 之 类 的 条规, 成为 强加 在 广大
cóng fū、 fū sǐ cóng zǐ" zhī lèi de tiáoguī, chéngwéi qiángjiā zài guǎngdà

妇女 身上 的 沈重 的 锁链。 强迫 包办、 买卖 婚姻、 一
fùnǚ shēnshang de chénzhòng de suǒliàn. Qiǎngpò bāobàn、 mǎimai hūnyīn、 yì

夫 多 妻 等 封建 主义 的 婚姻 家庭 制度, 不 知 造成了
fū duō qī děng fēngjiàn zhǔyì de hūnyīn jiātíng zhìdù, bù zhī zàochéngle

多少 爱情 的 悲剧。 新 中国 成立 后, 在 全国 绝大 部分
duōshao àiqíng de bēijù. Xīn Zhōngguó chénglì hòu, zài quánguó juédà bùfen

地区, 基本上 破除了 旧 思想、 旧 习惯 和 旧 道德, 妇女 从
dìqū, jīběnshang pòchúle jiù sīxiǎng、 jiù xíguàn hé jiù dàodé, fùnǚ cóng

"家庭 奴隶" 地位 中 解放出来, 在 政治、 经济 和 社会 地位
"jiātíng núlì" dìwèi zhōng jiěfàngchūlái, zài zhèngzhì、 jīngjì hé shèhuì dìwèi

上, 同 男人 享受 同等 的 权利, 顶起了 建设 社会 主义
shang, tóng nánrén xiǎngshòu tóngděng de quánlì, dǐngqǐle jiànshè shèhuì zhǔyì

●「自由恋愛」の2人

的 半边天②。
de bānbiāntiān.

现在 的 青年 男女 有 恋爱 的 自由。 一般 情况 是
Xiànzài de qīngnián nánnǚ yǒu liàn'ài de zìyóu. Yìbān qíngkuàng shì

经 朋友 介绍, 或 由于 在 学习 和 工作 中 的 接触 而
jīng péngyou jièshào, huò yóuyú zài xuéxí hé gōngzuò zhōng de jiēchù ér

逐渐 产生了 感情 以后, 就 常 一起 去 看 电影、 逛
zhújiàn chǎnshēngle gǎnqíng yǐhòu, jiù cháng yìqǐ qù kàn diànyǐng、 guàng

公园、 散步…… 家长 无权 干涉。 当 双方 肯定了 恋爱
gōngyuán、 sànbù…… jiāzhǎng wúquán gānshè. Dāng shuāngfāng kěndìngle liàn'ài

关系 后, 两 人 就 可以 大大方方 地 到 对方 家里 去 玩儿,
guānxi hòu, liǎng rén jiù kěyǐ dàdàfāngfāng de dào duìfāng jiāli qù wánr,

帮 对方 家里 作 些 家务事, 并且 可以 公开 向 别人 介绍
bāng duìfāng jiāli zuò xiē jiāwùshì, bìngqiě kěyǐ gōngkāi xiàng biérén jièshào

说: "这 是 我 的 对象"。 所以, 中国人 把 谈 恋爱 称为
shuō: "zhè shì wǒ de duìxiàng". Suǒyǐ, Zhōngguórén bǎ tán liàn'ài chēngwéi

"搞 对象"。 有了 对象, 就 开始 做 结婚 的 准备 了: 存 钱、
"gǎo duìxiàng". Yǒule duìxiàng, jiù kāishǐ zuò jiéhūn de zhǔnbèi le: cún qián、

买　房子。结婚　前　两　个　人　要　分别　拿着　自己　工作　单位
mǎi　fángzi.　Jiéhūn　qián　liǎng　ge　rén　yào　fēnbié　názhe　zìjǐ　gōngzuò　dānwèi

的　介绍信，去　区　政府　进行　结婚　登记，领取　结婚　证书。
de　jièshàoxìn,　qù　qū　zhèngfǔ　jìnxíng　jiéhūn　dēngjì,　lǐngqǔ　jiéhūn　zhèngshū.

中国人　把　结婚　看作　终身　大事，非常　讲究　结婚
Zhōngguórén　bǎ　jiéhūn　kànzuò　zhōngshēn　dàshì,　fēicháng　jiǎngjiu　jiéhūn

仪式，搞得　相当　隆重，即使　是　经济　条件　不　太　宽裕　的
yíshì,　gǎode　xiāngdāng　lóngzhòng,　jíshǐ　shì　jīngjì　tiáojiàn　bú　tài　kuānyù　de

人，也　要　想尽　办法，办得　像　个　样子。中国人　结婚，喜欢
rén,　yě　yào　xiǎngjìn　bànfǎ,　bànde　xiàng　ge　yàngzi.　Zhōngguórén　jiéhūn,　xǐhuan

选择　一　个　有　纪念性　的　日子，在　饭馆儿　设　酒宴　招待　前来
xuǎnzé　yí　ge　yǒu　jìniànxìng　de　rìzi,　zài　fànguǎnr　shè　jiǔyàn　zhāodài　qiánlái

祝贺　的　亲友，另外　还　要　准备　充足　的　糖（这　种　糖
zhùhè　de　qīnyǒu,　lìngwài　hái　yào　zhǔnbèi　chōngzú　de　táng（zhè　zhǒng　táng

叫"喜糖"）请　客人们　吃。亲友们　常　送　一些　实用　的
jiào"xǐtáng"）qǐng　kèrénmen　chī.　Qīnyǒumen　cháng　sòng　yìxiē　shíyòng　de

礼物　或　钱。有时　双方　的　领导　也　来　祝贺　并　讲话，
lǐwù　huò　qián.　Yǒushí　shuāngfāng　de　lǐngdǎo　yě　lái　zhùhè　bìng　jiǎnghuà,

内容　多　是　夫妇　要　互　敬　互　爱，要　计划　生育。这　几　年，
nèiróng　duō　shì　fūfù　yào　hù　jìng　hù　ài,　yào　jìhuà　shēngyù.　Zhè　jǐ　nián,

提倡　集体　结婚，就是　几　对、几十　对　新婚　夫妇　联合　举行　结婚
tíchàng　jítǐ　jiéhūn,　jiùshì　jǐ　duì、jǐshí　duì　xīnhūn　fūfù　liánhé　jǔxíng　jiéhūn

仪式，然后　开　茶话会、舞会　等　庆祝　一　番。另外，利用
yíshì,　ránhòu　kāi　cháhuàhuì、wǔhuì　děng　qìngzhù　yì　fān.　Lìngwài,　lìyòng

节假日　旅行　结婚　的　人　也　越　来　越　多　了。近　十　年来，在
jiéjiàrì　lǚxíng　jiéhūn　de　rén　yě　yuè　lái　yuè　duō　le.　Jìn　shí　niánlái,　zài

一些 年轻 人 中， 讲 排场、 奢 办 婚事 之 风 十分
yìxiē niánqīng rén zhōng, jiǎng páichang, shē bàn hūnshì zhī fēng shífēn

严重， 结婚 费用 直线 上升。 他们 除了 自己 的 积蓄 以外，
yánzhòng, jiéhūn fèiyong zhíxiàn shàngshēng. Tāmen chúle zìjǐ de jīxù yǐwài,

主要 得 靠 家长 的 资助， 这 给 父母 造成了 沈重 的
zhǔyào děi kào jiāzhǎng de zīzhù, zhè gěi fùmǔ zàochéngle chénzhòng de

经济 负担。 更 有 甚 者， 负债 结婚， 给 婚 后 生活 带来了
jīngjì fùdān. Gèng yǒu shèn zhě, fùzhài jiéhūn, gěi hūn hòu shēnghuó dàiláile

巨大 的 不幸。 看来， 如何 引导 青年人 勤俭 文明 办 婚事，
jùdà de búxìng. Kànlái, rúhé yǐndǎo qīngniánrén qínjiǎn wénmíng bàn hūnshì,

也 是 摆在 面前 的 课题。
yě shì bǎizài miànqián de kètí.

婚 后， 女方 不 改变 姓名， 夫妇 都 工作。 对 双职工③
Hūn hòu, nǚfāng bù gǎibiàn xìngmíng, fūfù dōu gōngzuò. Duì shuāngzhígōng

的 家庭 来 说， 夫妇俩 共同 分担 家务， 谁 下班 早 谁 买
de jiātíng lái shuō, fūfùliǎ gòngtóng fēndān jiāwù, shéi xiàbān zǎo shéi mǎi

菜 做 饭。 假日 休息 时， 一起 去 看 朋友、 买 东西、 散步。
cài zuò fàn. Jiàrì xiūxi shí, yìqǐ qù kàn péngyou、 mǎi dōngxi、 sànbù.

中国 夫妇 之 间 很 注意 思想 感情 上 的 交流， 生活
Zhōngguó fūfù zhī jiān hěn zhùyì sīxiǎng gǎnqíng shang de jiāoliú, shēnghuó

上 互相 关怀、 工作 上 互相 支持、 共同 教育 孩子，
shang hùxiāng guānhuái、 gōngzuò shang hùxiāng zhīchí、 gòngtóng jiàoyù háizi,

过着 幸福 平等 自由 的 生活。
guòzhe xìngfú píngděng zìyóu de shēnghuó.

【語　句】

①族　　权：宗法制度のもとにおける族長の家族に対する支配権力。

②顶…半边天：天の半分を支える。

③双　职　工：夫婦が二人とも、仕事をする。

【問　い】

1．在漫长的封建社会中，中国人受着几种权力的统治？

2．妇女还要多受一种什么统治？

3．封建主义的婚姻制度包括哪些内容？

4．新中国成立后，妇女的地位有了什么变化？

5．"半边天"是什么意思？

6．有了对象以后，要开始做哪些准备？

7．结婚前，男女双方必须履行什么手续？

8．在结婚和育子方面，中国政府目前大力提倡什么？

9．中国人把结婚看作是什么？

10．中国人重视结婚仪式吗？他们的想法是怎样的？

11．现在多数中国人结婚采用什么方式？

12．朋友结婚时，一般送什么礼物？

13．集体结婚是什么形式，你知道吗？

14．什么叫双职工？

15．中国的夫妇是怎么对待家庭生活的？

20 中国 的 社交 和 人情
Zhōngguó de shèjiāo hé rénqíng

中国 是 一 个 热情 好客、注意 礼节、讲 人情、顾 面子
Zhōngguó shì yí ge rèqíng hàokè, zhùyì lǐjié, jiǎng rénqíng, gù miànzi

的 国家。 中国人 待人 亲切 而 又 庄重, 所以, 一些 欧
de guójiā. Zhōngguórén dàirén qīnqiè ér yòu zhuāngzhòng, suǒyǐ, yìxiē Ōu

美人 称 中国人 是 "暖水瓶"。 意思 是 说, 中国人 虽然
Měirén chēng Zhōngguórén shì "nuǎnshuǐpíng". Yìsi shì shuō, Zhōngguórén suīrán

热情 亲切, 但 感情 不 大 外露, 比较 内向 含蓄。
rèqíng qīnqiè, dàn gǎnqíng bú dà wàilù, bǐjiào nèixiàng hánxù.

一般 的 中国人 都 信守 "天时 不 如 地利, 地利 不 如
Yìbān de Zhōngguórén dōu xìnshǒu "tiānshí bù rú dìlì, dìlì bù rú

人和" 的 哲学 思想 待人 处事, 把 人 与 人 之 间 的 关系
rénhé" de zhéxué sīxiǎng dàirén chǔshì, bǎ rén yǔ rén zhī jiān de guānxi

看得 很 重要, 而且 要 以 诚 相待①、信守 诺言。 在 处理
kànde hěn zhòngyào, érqiě yào yǐ chéng xiāngdài、 xìnshǒu nuòyán. Zài chǔlǐ

问题 时, 常常 考虑 对方 的 难处, 给 人家 留 面子, 不 轻易
wèntí shí, chángcháng kǎolǜ duìfāng de nánchù, gěi rénjia liú miànzi, bù qīngyì

在 对方 面前 拉脸。 当 别人 有 过失 或 有 什么 苛求②
zài duìfāng miànqián lāliǎn. Dāng biérén yǒu guòshī huò yǒu shénme kēqiú

时, 也 不 随意 地 与 别人 一 刀 两 断, 把 事情 做绝, 而
shí, yě bù suíyì de yǔ biérén yì dāo liǎng duàn, bǎ shìqing zuòjué, ér

是 设法 开导, 给 人 台阶, 以 求 问题 圆满 解决。俗语 说:
shì shèfǎ kāidǎo, gěi rén táijiē, yǐ qiú wèntí yuánmǎn jiějué. Súyǔ shuō:

"人情 留 一线， 日后 好 相见" 嘛！
"rénqíng liú yíxiàn, rìhòu hǎo xiāngjiàn" ma !

中国人 很 有 同情心， 也 喜欢 帮助 人。不论 是 街坊
Zhōngguórén hěn yǒu tóngqíngxīn, yě xǐhuan bāngzhù rén. Búlùn shì jiēfang

四邻， 还是 同窗 同事 有了 困难， 或 家里 发生了 不幸 的
sìlín, háishi tóngchuāng tóngshì yǒule kùnnan, huò jiāli fāshēngle búxìng de

事， 大家 都 会 劝慰 他， 关心 他。例如， 当 别人 向 自己
shì, dàjiā dōu huì quànwèi tā, guānxīn tā. Lìrú, dāng biérén xiàng zìjǐ

借 钱 时， 虽然 自己 并 不 宽裕， 但 想到 别人 之 难， 又
jiè qián shí, suīrán zìjǐ bìng bù kuānyù, dàn xiǎngdào biérén zhī nán, yòu

怕 人家 说 不 够 朋友， 宁肯 自己 紧 一些， 也 要 解囊
pà rénjiā shuō bú gòu péngyou, nìngkěn zìjǐ jǐn yìxiē, yě yào jiěnáng

相助。 在 中国， 常常 是 一 人 有 难， 八方 支援。 因此，
xiāngzhù. Zài Zhōngguó, chángcháng shì yì rén yǒu nàn, bāfāng zhīyuán. Yīncǐ,

人们 经常 可以 从 同事、 朋友 那里 得到 安慰 和 支援。
rénmen jīngcháng kěyǐ cóng tóngshì、 péngyou nàli dédào ānwèi hé zhīyuán.

中国 是 讲 人情 的 国家 还 表现 在 很 尊重
Zhōngguó shì jiǎng rénqíng de guójiā hái biǎoxiàn zài hěn zūnzhòng

老朋友， 特别是 对 在 中国 困难 之 时， 给过 中国 帮助
lǎopéngyou, tèbié shì duì zài Zhōngguó kùnnan zhī shí, gěiguo Zhōngguó bāngzhù

的 人， 是 永远 不 会 忘记 的。 中国人 讨厌 那 种 "用
de rén, shì yǒngyuǎn bú huì wàngjì de. Zhōngguórén tǎoyàn nà zhǒng "yòng

人 朝 前， 不 用 人 朝 后" 的 作风， 把 这 种 作风
rén cháo qián, bú yòng rén cháo hòu" de zuòfēng, bǎ zhè zhǒng zuòfēng

叫 市侩 作风。
jiào shìkuài zuòfēng.

106

中国人 喜欢 交 朋友，有 空暇 时 也 喜欢 去 朋友
Zhōngguórén xǐhuan jiāo péngyou, yǒu kòngxiá shí yě xǐhuan qù péngyou

家 串门 做客。客人 来访 时，主人 常 留 客人 在 家里 吃
jiā chuànmén zuòkè. Kèren láifǎng shí, zhǔrén cháng liú kèren zài jiāli chī

饭。吃 饭 时，主人 要 不断 给 客人 夹 菜，斟 酒。主人
fàn. Chī fàn shí, zhǔrén yào búduàn gěi kèren jiā cài, zhēn jiǔ. Zhǔrén

即使 已经 吃饱 了，也 不 能 先 放下 筷子，一直 要 陪着
jíshǐ yǐjing chībǎo le, yě bù néng xiān fàngxià kuàizi, yìzhí yào péizhe

客人 一起 吃。客人 来 时，常 带 些 水果 点心 之 类 的
kèren yìqǐ chī. Kèren lái shí, cháng dài xiē shuǐguǒ diǎnxin zhī lèi de

礼物 送给 主人，而 主人 常 是 推让 一 番，甚至 让 客人
lǐwù sònggěi zhǔrén, ér zhǔrén cháng shì tuīràng yì fān, shènzhì ràng kèren

把 礼物 拿回去 自用，因为 别人 花了 钱 为 自己 买 东西，
bǎ lǐwù náhuíqù zìyòng, yīnwèi biéren huāle qián wèi zìjǐ mǎi dōngxi,

心里 有些 过意不去。但 接受了 礼物 后，并 无 一定 还礼 的
xīnli yǒuxiē guòyìbuqù. Dàn jiēshòule lǐwù hòu, bìng wú yídìng huánlǐ de

习惯。
xíguàn.

朋友们 一起 去 公园、看 电影 或 坐 汽车 时，大家
Péngyoumen yìqǐ qù gōngyuán、kàn diànyǐng huò zuò qìchē shí, dàjiā

都 争着 为 其 他 朋友 买 票，如果 只 买 自己 的，就
dōu zhēngzhe wèi qí tā péngyou mǎi piào, rúguǒ zhǐ mǎi zìjǐ de, jiù

被 视为 小气。在 电车 内，见到 带 小孩儿 的 妇女、老人、
bèi shìwéi xiǎoqi. Zài diànchē nèi, jiàndào dài xiǎoháir de fùnǚ、lǎorén、

孕妇 时，要 给 他们 让 座位。对 一些 没有 礼貌 的 人，周围
yùnfù shí, yào gěi tāmen ràng zuòwèi. Duì yìxiē méiyǒu lǐmào de rén, zhōuwéi

的　乘客　会　不　客气　地　向　他　提出　批评。
de　chéngkè　huì　bú　kèqi　de　xiàng　tā　tíchū　pīpíng.

中国人　为　人　处　世③　的　基本　态度　是　谦虚。厌恶　那
Zhōngguórén　wéi　rén　chǔ　shì　de　jīběn　tàidù　shì　qiānxū.　Yànwù　nà

种　不　讲　实际、夸　夸　其　谈④、盛　气　凌　人　的　作风。
zhǒng　bù　jiǎng　shíjì、kuā　kuā　qí　tán、shèng　qì　líng　rén　de　zuòfēng.

一　个　人　即使　有　多大　的　能力，多高　的　学问，也　要　尊重
Yí　ge　rén　jíshǐ　yǒu　duōdà　de　nénglì，duōgāo　de　xuéwen，yě　yào　zūnzhòng

别人，要　表现出　一　种　虚心　态度，不断　征得　旁人　的
biérén，yào　biǎoxiànchū　yì　zhǒng　xūxīn　tàidù，búduàn　zhēngdé　pángrén　de

意见，以　使　各　方面　做得　更加　完善。这　种　态度，不仅
yìjiàn，yǐ　shǐ　gè　fāngmiàn　zuòde　gèngjiā　wánshàn.　Zhè　zhǒng　tàidù，bùjǐn

表现　在　人　与　人　之　间　的　交往　上，而且　也　是　中国
biǎoxiàn　zài　rén　yǔ　rén　zhī　jiān　de　jiāowǎng　shang，érqiě　yě　shì　Zhōngguó

外交　上　所　遵循　的　原则。
wàijiāo　shang　suǒ　zūnxún　de　yuánzé.

【語　句】

①以诚相待：誠実な態度で人に対する。

②苛　　求：きびしすぎる要求。

③为人处世：人として世に処することをいう。

④夸夸其谈：大言壮語すること。

【問　い】

1．在交际礼节方面，可以说中国是一个什么样的国家？

2．一些欧美人称中国人是"暖水瓶"，这是什么意思？

3．一般的中国人都信守什么哲学思想待人处事？

4．请举例说明中国人有同情心和关心人。

5．中国是讲人情的国家，这表现在什么地方？

6．去亲友家串门访问时，一般常带什么礼物？

7．当别人有过失或对自己有苛求时，怎么办？

8．"一人有难，八方支援"是什么意思？

9．在招待客人吃饭时，中国人怎么做？

10．朋友们一起外出时，中国人的习惯是怎样的？

11．中国人最讨厌什么作风？

12．"市侩作风"是什么意思？

13．中国人为人处世的基本态度是什么？厌恶什么作风？

14．即使是有能力有学问的人，也应以什么态度对待别人？

15．日本人在待人接物，面子人情方面，与中国人有什么不同之处？

●世界の国・地域と首都・首府●

アイスランド 冰岛 Bīngdǎo：**レイキャビク** 雷克雅末克 Léikèyǎwèikè

アイルランド 爱尔兰 Ài'ěrlán：**ダブリン** 都柏林 Dūbólín

アゼルバイジャン 阿塞拜疆 Āsàibàijiāng：**バクー** 巴库 Bākù

アフガニスタン 阿富汗 Āfùhàn：**カブール** 喀布尔 Kābù'ěr

アメリカ 美国 Měiguó：**ワシントンD.C.** 华盛顿 Huáshèngdùn

アメリカ領サモア 美属萨摩亚 Měishǔ Sàmóyà：**パゴパゴ** 帕果帕果 Pàguǒpàguǒ

アメリカ領バージン諸島 美属维尔京群岛 Měishǔ Wéi'ěrjīng Qúndǎo：**シャーロットアマリエ** 夏洛特阿马利亚 Xiàluòtè'āmǎlìyà

アラブ首長国連邦 阿拉伯联合酋长国 Ālābó Liánhé Qiúzhǎngguó：**アブダビ** 阿布扎比 Ābùzhābǐ

アルジェリア 阿尔及利亚 Ā'ěrjílìyà：**アルジェ** 阿尔及尔 Ā'ěrjí'ěr

アルゼンチン 阿根廷 Āgēntíng：**ブエノスアイレス** 布宜诺斯艾利斯 Bùyínuòsī'àilìsī

アルバ〔蘭〕 阿鲁巴 Ālǔbā：**オラニエスタット** 奥拉涅斯塔德 Àolānièsītǎdé

アルバニア 阿尔巴尼亚 Ā'ěrbāníyà：**ティラナ** 地拉那 Dìlānà

アルメニア 亚美尼亚 Yàměiníyà：**エレバン** 埃里温 Āilǐwēn

アンギラ〔英〕 安圭拉 Ānguīlā：**バレー** 瓦利 Wǎlì

アンゴラ 安哥拉 Āngēlā：**ルアンダ** 罗安达 Luó'āndá

アンティグア・バーブーダ 安提瓜和巴布达 Āntíguā hé Bābùdá：**セントジョンズ** 圣约翰 Shèngyuēhàn

アンドラ 安道尔 Āndào'ěr：**アンドラ** 安道尔 Āndào'ěr

イエメン 也门 Yěmén：**サヌア** 萨那 Sànà

イギリス 英国 Yīngguó：**ロンドン** 伦敦 Lúndūn

イギリス領バージン諸島 英属维尔京群岛 Yīngshǔ Wéi'ěrjīng Qúndǎo：**ロードタウン** 罗德城 Luódéchéng

イスラエル 以色列 Yǐsèliè：**テルアビブ** 特拉维夫 Tèlāwéifū

イタリア 意大利 Yìdàlì：**ローマ** 罗马 Luómǎ

イラク 伊拉克 Yīlākè：**バグダッド** 巴格达 Bāgédá

イラン 伊朗 Yīlǎng：**テヘラン** 德黑兰 Déhēilán

インド 印度 Yìndù：**ニューデリー** 新德里 Xīndélǐ

インドネシア 印度尼西亚 Yìndùníxīyà：**ジャカルタ** 雅加达 Yǎjiādá

ウガンダ 乌干达 Wūgāndá：**カンパラ** 坎帕拉 Kǎnpàlā

ウクライナ 乌克兰 Wūkèlán：**キエフ** 基辅 Jīfǔ

ウズベキスタン 乌兹别克斯坦 Wūzībiékèsītǎn：**タシケント** 塔什干 Tǎshígān

110

ウルグアイ　乌拉圭 Wūlāguī : モンテビデオ　蒙得维的亚 Mēngdéwéidìyà

エクアドル　厄瓜多尔 Èguāduō'ěr : キト　基多 Jīduō

エジプト　埃及 Āijí : カイロ　开罗 Kāiluó

エストニア　爱沙尼亚 Àishāníyà : タリン　塔林 Tǎlín

エチオピア　埃塞俄比亚 Āisài'ébǐyà : アディスアベバ　亚的斯亚贝巴 Yàdìsīyàbèibā

エリトリア　厄立特里亚 Èlìtèlǐyà : アスマラ　阿斯马拉 Āsīmǎlā

エルサルバドル　萨尔瓦多 Sà'ěrwǎduō : サンサルバドル　圣萨尔瓦多 Shèngsà'ěrwǎduō

オーストラリア　澳大利亚 Àodàlìyà : キャンベラ　堪培拉 Kānpéilā

オーストリア　奥地利 Àodìlì : ウィーン　维也纳 Wéiyěnà

オマーン　阿曼 Āmàn : マスカット　马斯喀特 Mǎsīkātè

オランダ　荷兰 Hélán : アムステルダム　阿姆斯特丹 Āmǔsītèdān

オランダ領アンティル　荷属安的列斯 Héshǔ　Āndìlièsī : ウィレムスタット　威廉斯塔德
　　Wēiliánsītǎdé

ガーナ　加纳 Jiānà : アクラ　阿克拉 Ākèlā

ガイアナ　圭亚那 Guīyànà : ジョージタウン　乔治敦 Qiáozhìdūn

カザフスタン　哈萨克斯坦 Hāsàkèsītǎn : アスタナ　阿斯塔纳 Āsītǎnà

カタール　卡塔尔 Kǎtǎ'ěr : ドーハ　多哈 Duōhā

カナダ　加拿大 Jiānádà : オタワ　渥太华 Wòtàihuá

カボベルデ　佛得角 Fódéjiǎo : プライア　普拉亚 Pǔlāyà

ガボン　加蓬 Jiāpéng : リーブルビル　利伯维尔 Lìbówéi'ěr

カメルーン　喀麦隆 Kāmàilóng : ヤウンデ　雅温得 Yǎwēndé

韓国　韩国 Hánguó : ソウル　汉城 Hànchéng

ガンビア　冈比亚 Gāngbǐyà : バンジュール　班珠尔 Bānzhū'ěr

カンボジア　柬埔寨 Jiǎnpǔzhài : プノンペン　金边 Jīnbiān

北マリアナ諸島〔米〕　北马里亚纳群岛 Běimǎlǐyànà Qúndǎo : サイパン　塞班 Sàibān

ギニア　几内亚 Jǐnèiyà : コナクリ　科纳克里 Kēnàkèlǐ

ギニアビサウ　几内亚比绍 Jǐnèiyàbǐshào : ビサウ　比绍 Bǐshào

キプロス　塞浦路斯 Sàipǔlùsī : ニコシア　尼科西亚 Níkēxīyà

キューバ　古巴 Gǔbā : ハバナ　哈瓦那 Hāwǎnà

ギリシア　希腊 Xīlà : アテネ　雅典 Yǎdiǎn

キリバス　基里巴斯 Jīlǐbāsī : タラワ　塔拉瓦 Tǎlāwǎ

キルギス　吉尔吉斯斯坦 Jí'ěrjísīsītǎn : ビシュケク　比什凯克 Bǐshíkǎikè

グアテマラ　危地马拉 Wēidìmǎlā : グアテマラシティ　危地马拉城 Wēidìmǎlāchéng

グアドループ島〔仏〕　瓜德罗普 Guādéluópǔ : バステール　巴斯特尔 Bāsītè'ěr

グアム〔米〕　关岛 Guāndǎo : ハガトナ　阿加尼亚 Ājiāníyà

クウェート　科威特 Kēwēitè : クウェート　科威特 Kēwēitè

クック諸島〔ニュージーランド〕　库克群岛 Kùkè Qúndǎo：アバルア　阿瓦鲁阿 Āwǎlǔ'ā

グリーンランド〔デンマーク〕　格陵兰 Gélínglán：ヌーク　努克 Nǔkè

グルジア　格鲁吉亚 Gélǔjíyà：トビリシ　第比利斯 Dìbǐlìsī

グレナダ　格林纳达 Gélínnàdá：セントジョーンズ　圣乔治 Shèngqiáozhì

クロアチア　克罗地亚 Kèluódìyà：ザグレブ　萨格勒布 Sàgélèbù

ケイマン諸島〔英〕　开曼群岛 Kāimàn Qúndǎo：ジョージタウン　乔治敦 Qiáozhìdūn

ケニア　肯尼亚 Kěnníyà：ナイロビ　内罗毕 Nèiluóbì

コートジボワール　科特迪瓦 Kētèdíwǎ：ヤムスクロ　亚穆苏克罗 Yàmùsūkèluó

コスタリカ　哥斯达黎加 Gēsīdálíjiā：サンホセ　圣何塞 Shènghésài

コモロ　科摩罗 Kēmóluó：モロニ　莫罗尼 Mòluóní

コロンビア　哥伦比亚 Gēlúnbǐyà：サンタフェデボゴタ　圣菲波哥大 Shèngfēibōgēdà

コンゴ（共和国）　刚果 Gāngguǒ：ブラザビル　布拉柴维尔 Bùlácháiwéi'ěr

コンゴ（民主共和国）　刚果 Gāngguǒ：キンシャサ　金沙萨 Jīnshāsà

サウジアラビア　沙特阿拉伯 Shātè Ālābó：リヤド　利雅得 Lìyǎdé

サモア　萨摩亚 Sàmóyà：アピア　阿皮亚 Āpíyà

サントメ・プリンシペ　圣多美和普林西比 Shèngduōměi hé Pǔlínxībǐ：サントメ　圣多美 Shèngduōměi

ザンビア　赞比亚 Zànbǐyà：ルサカ　卢萨卡 Lúsàkǎ

サンピエール島・ミクロン島〔仏〕　圣皮埃尔和密克隆 Shèngpí'āi'ěr hé Mǐkèlóng：サンピエール　圣皮埃尔 Shèngpí'āi'ěr

サンマリノ　圣马力诺 Shèngmǎlìnuò：サンマリノ　圣马力诺 Shèngmǎlìnuò

シエラレオネ　塞拉利昂 Sàilālì'áng：フリータウン　弗里敦 Fúlǐdūn

シッキム　锡金 Xījīn：ガントク　甘托克 Gāntuōkè

ジブチ　吉布提 Jíbùtí：ジブチ　吉布提 Jíbùtí

ジブラルタル〔英〕　直布罗陀 Zhíbùluótuó：

ジャマイカ　牙买加 Yámǎijiā：キングストン　金斯敦 Jīnsīdūn

シリア　叙利亚 Xùlìyà：ダマスカス　大马士革 Dàmǎshìgé

シンガポール　新加坡 Xīnjiāpō：

ジンバブエ　津巴布韦 Jīnbābùwéi：ハラーレ　哈拉雷 Hālāléi

スイス　瑞士 Ruìshì：ベルン　伯尔尼 Bó'ěrní

スウェーデン　瑞典 Ruìdiǎn：ストックホルム　斯德哥尔摩 Sīdégē'ěrmó

スーダン　苏丹 Sūdān：ハルツーム　喀土穆 Kātǔmù

スペイン　西班牙 Xībānyá：マドリード　马德里 Mǎdélǐ

スリナム　苏里南 Sūlǐnán：パラマリボ　帕拉马里博 Pàlāmǎlǐbó

スリランカ　斯里兰卡 Sīlǐlánkǎ：スリジャヤワルデネプラ・コッテ　科伦坡 Kēlúnpō

スロバキア　斯罗伐克 Sīluófákè：ブラチスラバ　布拉迪斯拉发 Bùlādísīlāfā

スロベニア　斯洛文尼亚 Sīluòwénníyà：リュブリャナ　卢布尔雅那 Lúbù'ěryǎnà

スワジランド　斯威士兰 Sīwēishìlán：ムババーネ　姆巴巴内 Mǔbābānèi

セイシェル　塞舌尔 Sāishé'ěr：ビクトリア　维多利亚 Wéiduōlìyà

赤道ギニア　赤道几内亚 Chìdàojǐnèiyà：マラボ　马拉博 Mǎlābó

セネガル　塞内加尔 Sāinèijiā'ěr：ダカール　达喀尔 Dákā'ěr

セントクリストファー・ネイビス　圣基茨和尼维斯 Shèngjīcí hé Níwéisī：バセテール　巴斯特尔 Bāsītè'ěr

セントビンセント およびグレナディーン諸島　圣文森特和格林纳丁斯 Shèngwénsēntè hé Gélínnàdīngsī：キングスタウン　金斯敦 Jīnsīdūn

セントヘレナ〔英〕　圣赫勒拿 Shènghèlénà：ジェームズタウン　詹姆斯敦 Zhānmǔsīdūn

セントルシア　圣卢西亚 Shènglúxīyà：カストリーズ　卡斯特里 Kǎsītèlǐ

ソマリア　索马里 Suǒmǎlǐ：モガディシオ　摩加迪沙 Mójiādíshā

ソロモン諸島　所罗门群岛 Suǒluómén Qúndǎo：ホニアラ　霍尼亚拉 Huòníyàlā

タークス諸島・カイコス諸島〔英〕　特克斯和凯科斯群岛 Tèkèsī hé Kǎikèsī Qúndǎo：コックバーンタウン　科伯恩城 Kēbó'ēnchéng

タイ　泰国 Tàiguó：バンコク　曼谷 Màngǔ

タジキスタン　塔吉克斯坦 Tǎjíkèsītǎn：ドゥシャンベ　杜尚别 Dùshàngbié

タンザニア　坦桑尼亚 Tǎnsāngníyà：ダルエスサラーム　达累斯萨拉姆 Dálèisīsàlāmǔ

チェコ　捷克 Jiékè：プラハ　布拉格 Bùlāgé

チャド　乍得 Zhàdé：ンジャメナ　恩贾梅纳 Ēnjiǎméinà

中央アフリカ　中非 Zhōngfēi：バンギ　班吉 Bānjí

中国　中国 Zhōngguó：北京　北京 Běijīng

チュニジア　突尼斯 Tūnísī：チュニス　突尼斯 Tūnísī

朝鲜　朝鲜 Cháoxiǎn：ピョンヤン　平壤 Píngrǎng

チリ　智利 Zhìlì：サンティアゴ　圣地亚哥 Shèngdìyàgē

ツバル　图瓦卢 Túwǎlú：フナフティ　富纳富提 Fùnàfùtí

デンマーク　丹麦 Dānmài：コペンハーゲン　哥本哈根 Gēběnhāgēn

ドイツ　德国 Déguó：ベルリン　柏林 Bólín

トーゴ　多哥 Duōgē：ロメ　洛美 Luòměi

トケラウ諸島〔ニュージーランド〕　托克劳 Tuōkèláo：ファカオフォ　法考福 Fǎkǎofú

ドミニカ(共和国)　多米尼加 Duōmǐníjiā：サントドミンゴ　圣多明各 Shèngduōmínggè

ドミニカ(国)　多米尼克 Duōmǐníkè：ロゾー　罗索 Luósuǒ

トリニダード・トバゴ　特立尼达和多巴哥 Tèlìnídá hé Duōbāgē：ポートオブスペイン　西班牙港 Xībānyágǎng

トルクメニスタン　土库曼斯坦 Tǔkùmànsītǎn：アシガバード　阿什哈巴德 Āshíhābādé

トルコ　土耳其 Tǔ'ěrqí：アンカラ　安卡拉 Ānkǎlā

トンガ　湯加 Tāngjiā：ヌクアロファ　努库阿洛法 Nǔkù'āluòfǎ

ナイジェリア　尼日利亚 Nírìlìyà：アブジャ　阿布贾 Ābùjiā

ナウル　瑙鲁 Nǎolǔ：ヤレン　亚伦 Yàlún

ナミビア　纳米比亚 Nàmǐbǐyà：ウィントフック　温得和克 Wēndéhékè

ニウエ〔ニュージーランド〕　纽埃 Niǔ'āi：アロフィ　阿洛菲 Āluòfēi

ニカラグア　尼加拉瓜 Níjiālāguā：マナグア　马那瓜 Mǎnàguā

ニジェール　尼日尔 Nírì'ěr：ニアメ　尼亚美 Níyàměi

西サハラ　西撒哈拉 Xīsāhālā：エルアイウン　阿尤恩 Āyóu'ēn

日本　日本 Rìběn：東京　东京 Dōngjīng

ニューカレドニア〔仏〕　新喀里多尼亚 Xīnkālǐduōníyà：ヌーメア　努美阿 Nǔměi'ā

ニュージーランド　新西兰 Xīnxīlán：ウェリントン　惠灵顿 Huìlíngdùn

ネパール　尼泊尔 Níbó'ěr：カトマンズ　加德满都 Jiādémǎndū

ノーフォーク島　诺福克岛 Nuòfúkèdǎo：キングストン　金斯敦 Jīnsīdūn

ノルウェー　挪威 Nuówēi：オスロ　奥斯陆 Àosīlù

バーレーン　巴林 Bālín：マナマ　麦纳麦 Màinàmài

ハイチ　海地 Hǎidì：ポルトープランス　太子港 Tàizǐgǎng

パキスタン　巴基斯坦 Bājīsītǎn：イスラマバード　伊斯兰堡 Yīsīlánbǎo

バチカン　梵蒂冈 Fàndìgāng：バチカン　梵蒂冈 Fàndìgāng

パナマ　巴拿马 Bānámǎ：パナマ　巴拿马城 Bānámǎchéng

バヌアツ　瓦努阿图 Wǎnǔ'ātú：ポートビラ　维拉港 Wéilāgǎng

バハマ　巴哈马 Bāhāmǎ：ナッソー　拿骚 Násāo

パプアニューギニア　巴布亚新几内亚 Bābùyàxīnjǐnèiyà：ポートモレスビー　莫尔兹比港 Mò'ěrzībǐgǎng

バミューダ諸島〔英〕　百慕大 Bǎimùdà：ハミルトン　哈密尔顿 Hāmì'ěrdùn

パラオ　帕劳 Pàláo：コロール　科罗尔 Kēluó'ěr

パラグアイ　巴拉圭 Bālāguī：アスンシオン　亚松森 Yàsōngsēn

バルバドス　巴巴多斯 Bābāduōsī：ブリッジタウン　布里奇敦 Bùlǐqídūn

パレスティナ　巴勒斯坦 Bālèsītǎn：エルサレム　耶路撒冷 Yēlùsālěng

ハンガリー　匈牙利 Xiōngyálì：ブダペスト　布达佩斯 Bùdápèisī

バングラデシュ　孟加拉国 Mèngjiālāguó：ダッカ　达卡 Dákǎ

東ティモール　东帝汶 Dōngdìwèn：ディリ　帝力 Dìlì

ピトケアン島〔英〕　皮特凯恩 Pítèkǎi'ēn：アダムズタウン　亚当斯敦 Yàdāngsīdūn

フィジー　斐济群岛 Fěijì Qúndǎo：スバ　苏瓦 Sūwǎ

フィリピン　菲律宾 Fēilǜbīn：マニラ　马尼拉 Mǎnílā

フィンランド　芬兰 Fēnlán：ヘルシンキ　赫尔辛基 Hè'ěrxīnjī

ブータン　不丹 Bùdān：ティンプー　廷布 Tíngbù

プエルトリコ〔米〕　波多黎各 Bōduōlígè：サンファン　圣胡安 Shènghú'ān

フェロー諸島〔デンマーク〕　法罗群岛 Fǎluó Qúndǎo：トルシャウン　托尔斯港 Tuō'ersīgǎng

ブラジル　巴西 Bāxī：ブラジリア　巴西利亚 Bāxīlìyà

フランス　法国 Fǎguó：パリ　巴黎 Bālí

フランス領ギアナ　法属圭亚那 Fǎshǔ Guīyànà：カイエンヌ　卡宴 Kǎyàn

フランス領ポリネシア　法属波利尼西亚 Fǎshǔ Bōlìníxīyà：パペーテ　帕皮提 Pàpítí

ブルガリア　保加利亚 Bǎojiālìyà：ソフィア　索非亚 Suǒfēiyà

ブルキナファソ　布基纳法索 Bùjīnàfǎsuǒ：ワガドゥーグー　瓦加杜古 Wǎjiādùgǔ

ブルネイ　文莱 Wénlái：バンダルスリブガワン　斯里巴加湾市 Sīlǐbājiāwānshì

ブルンジ　布隆迪 Bùlóngdí：ブジュンブラ　布琼布拉 Bùqióngbùlā

ベトナム　越南 Yuènán：ハノイ　河内 Hénèi

ベニン　贝宁 Bèiníng：ポルトノボ　波多诺伏 Bōduōnuòfú

ベネズエラ　委内瑞拉 Wěinèiruìlā：カラカス　加拉加斯 Jiālājiāsī

ベラルーシ　白俄罗斯 Bái'éluósī：ミンスク　明斯克 Míngsīkè

ベリーズ　伯利兹 Bólìzī：ベルモパン　贝尔莫潘 Bèi'ěrmòpān

ペルー　秘鲁 Bìlǔ：リマ　利马 Lìmǎ

ベルギー　比利时 Bǐlìshí：ブリュッセル　布鲁塞尔 Bùlǔsài'ěr

ポーランド　波兰 Bōlán：ワルシャワ　华沙 Huáshā

ボスニア・ヘルツェゴビナ　波斯尼亚和黑塞哥维那 Bōsīníyà hé Hēisàigēwéinà：サラエボ　萨拉热窝 Sàlārèwō

ボツワナ　博茨瓦纳 Bócíwǎnà：ガボローネ　哈博罗内 Hābóluónèi

ボリビア　玻利维亚 Bōlìwéiyà：スクレ　苏克雷 Sūkèléi

ポルトガル　葡萄牙 Pútáoyá：リスボン　里斯本 Lǐsīběn

ホンジュラス　洪都拉斯 Hóngdūlāsī：テグシガルパ　特古西加尔巴 Tègǔxijiā'ěrbā

マーシャル諸島　马绍尔群岛 Mǎshào'ěr Qúndǎo：マジュロ　马朱罗 Mǎzhūluó

マケドニア　马其顿 Mǎqídùn：スコピエ　斯科普里 Sīkēpǔlǐ

マダガスカル　马达加斯加 Mǎdájiāsījiā：アンタナナリボ　塔那那利佛 Tǎnànàlìfó

マラウイ　马拉维 Mǎlāwéi：リロングウェ　利隆圭 Lìlóngguī

マリ　马里 Mǎlǐ：バマコ　巴马科 Bāmǎkē

マルタ　马耳他 Mǎ'ěrtā：バレッタ　瓦莱塔 Wǎláitā

マルティニーク島〔仏〕　马提尼克 Mǎtíníkè：フォールドフランス　法兰西堡 Fǎlánxībǎo

マルビナス諸島〔英〕　马尔维纳斯群岛 Mǎ'ěrwéinàsī Qúndǎo：スタンリー　斯坦利港 Sītǎnlìgǎng

マレーシア　马来西亚 Mǎláixīyà：クアラルンプール　吉隆坡 Jílóngpō

ミクロネシア連邦　密克罗尼西亚联邦 Mìkèluóníxīyà Liánbāng：パリキール　帕利基尔

Pàlìjī'ěr

南アフリカ　南非 Nánfēi：プレトリア　比勒陀利亚 Bǐlètuólìyà

ミャンマー　缅甸 Miǎndiàn：ヤンゴン　仰光 Yǎngguāng

メキシコ　墨西哥 Mòxīgē：メキシコシティ　墨西哥城 Mòxīgēchéng

モーリシャス　毛里求斯 Máolǐqiúsī：ポートルイス　路易港 Lùyìgǎng

モーリタニア　毛里塔尼亚 Máolǐtǎnǐyà：ヌアクショット　努瓦克肖特 Nǔwǎkèxiāotè

モザンビーク　莫桑比克 Mòsāngbǐkè：マプート　马普托 Mǎpǔtuō

モナコ　摩纳哥 Mónàgē：モナコ　摩纳哥 Mónàgē

モルディブ　马尔代夫 Mǎ'ěrdàifū：マレ　马累 Mǎlěi

モルドバ　摩尔多瓦 Mó'ěrduōwǎ：キシニョフ　基希讷乌 Jīxīnèwū

モロッコ　摩洛哥 Móluògē：ラバト　拉巴特 Lābātè

モンゴル　蒙古 Měnggǔ：ウランバートル　乌兰巴托 Wūlánbātuō

モンセラット〔英〕　蒙特塞拉特 Měngtèsàilātè：プリマス　普利茅斯 Pǔlìmáosī

ユーゴスラビア　南斯拉夫 Nánsīlāfū：ベオグラード　贝尔格莱德 Bèi'ěrgéláidé

ヨルダン　约旦 Yuēdàn：アンマン　安曼 Ānmàn

ラオス　老挝 Lǎowō：ビエンチャン　万象 Wànxiàng

ラトビア　拉脱维亚 Lātuōwéiyà：リガ　里加 Lǐjiā

リトアニア　立陶宛 Lìtáowǎn：ビリニュス　维尔纽斯 Wéi'ěrniǔsī

リビア　利比亚 Lìbǐyà：トリポリ　的黎波里 Dìlíbōlǐ

リヒテンシュタイン　列支敦士登 Lièzhīdūnshìdēng：ファドゥーツ　瓦杜兹 Wǎdùzī

リベリア　利比里亚 Lìbǐlǐyà：モンロビア　蒙罗维亚 Méngluówéiyà

ルーマニア　罗马尼亚 Luómǎnǐyà：ブカレスト　布加勒斯特 Bùjiālèsītè

ルクセンブルグ　卢森堡 Lúsēnbǎo：ルクセンブルク　卢森堡 Lúsēnbǎo

ルワンダ　卢旺达 Lúwàngdá：キガリ　基加利 Jījiālì

レソト　莱索托 Láisuǒtuō：マセル　马塞卢 Mǎsàilú

レバノン　黎巴嫩 Líbānèn：ベイルート　贝鲁特 Bèilǔtè

レユニオン〔仏〕　留尼汪 Liúníwāng：サンドニ　圣但尼 Shèngdànní

ロシア　俄罗斯 Éluósī：モスクワ　莫斯科 Mòsīkē

ワリス・フュチュナ諸島〔仏〕　瓦利斯和富图纳 Wǎlìsī hé Fùtúnà：マタウテュ　马塔乌图 Mǎtǎwūtú

116

	●中国の拳●		
0			
1		一 点 点 Yìdiǎndiǎn	一 指 高 升 Yìzhǐgāoshēng
2		两 相 好 Liǎngxiānghǎo	两 相 好 Liǎngxiānghǎo
3		三 星 照 Sānxīngzhào	三 星 高 照 Sānxīnggāozhào
4		四喜（四季发财） Sìxǐ（Sìjìfācái）	四 季 发 财 Sìjìfācái
5		五 奎 手 Wǔkuíshǒu	五 经 魁 Wǔjīngkuí
6		六 六 顺 Liùliùshùn	六 顺 风 Liùshùnfēng
7		七 七 巧 Qīqīqiǎo	七 巧 Qīqiǎo
8		八仙（八匹马） Bāxiān（Bāpǐmǎ）	八 仙 Bāxiān
9		快 快 快（快 发 财） Kuàikuàikuài（Kuàifācái）	九 连 灯 Jiǔliándēng
10		全 来 了（全 福 寿） Quánláile（Quánfúshǒu）	十 全 如 意 Shíquánrúyì

●中国の"二十四节"●

五 日 为 一 候　　三 候 为 一 气　　每 月 二 气
Wǔ rì wéi yí hòu　　sān hòu wéi yí qì　　měi yuè èr qì

一 年 有 二 十 四 气
yì nián yǒu èrshísì qì

阴历 Yīnlì			阳历 Yánglì
一月 Yīyuè	立春 Lìchūn	雨水 Yǔshuǐ	二月
二月 Èryuè	惊蛰 Jīngzhé	春分 Chūnfēn	三月
三月 Sānyuè	清明 Qīngmíng	谷雨 Gǔyǔ	四月
四月 Sìyuè	立夏 Lìxià	小满 Xiǎomǎn	五月
五月 Wǔyuè	芒种 Mángzhòng	夏至 Xiàzhì	六月
六月 Liùyuè	小暑 Xiǎoshǔ	大暑 Dàshǔ	七月
七月 Qīyuè	立秋 Lìqiū	处暑 Chǔshǔ	八月
八月 Bāyuè	白露 Báilù	秋分 Qiūfēn	九月
九月 Jiǔyuè	寒露 Hánlù	霜降 Shuāngjiàng	十月
十月 Shíyuè	立冬 Lìdōng	小雪 Xiǎoxuě	十一月
十一月 Shíyīyuè	大雪 Dàxuě	冬至 Dōngzhì	十二月
十二月 Shí'èryuè	小寒 Xiǎohán	大寒 Dàhán	一月

●中国の方位・十干十二支●

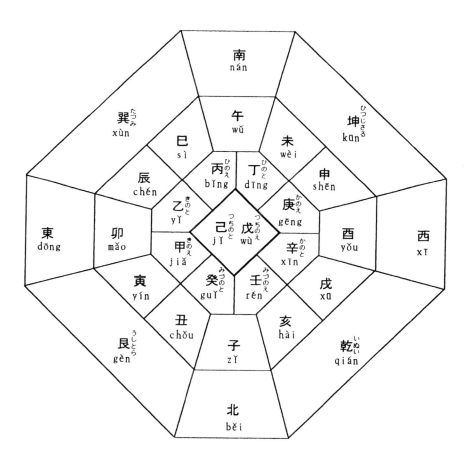

監修者略歴

中山時子（なかやま　ときこ）

　　お茶の水女子大学名誉教授、2016 年没

著者略歴

楊立明（よう　りつめい　Yáng Lìmíng）早稲田大学教授：第一章担当

郭春貴（かく　はるき　Guō Chūnguì）広島修道大学名誉教授：第二章担当

孟広学（もう　こうがく　Mèng Guǎngxué）明治学院大学名誉教授：第三章担当

CD 吹込：何立人

中国語で学ぶ中国文化基礎知識 [改訂版] 音声ダウンロード方式

1986 年 12 月 10 日　初版第 1 刷発行
2002 年 10 月 1 日　改訂版初版第 1 刷発行
2024 年 7 月 5 日　改訂版音声ダウンロード方式第 1 刷発行

監修者●中山時子
著　者●楊立明・郭春貴・孟広学
発行者●間宮伸典
発行所●株式会社東方書店
　　　　東京都千代田区神田神保町 1-3　〒 101-0051
　　　　電話(03)3294-1001　営業電話(03)3937-0300
装　帧●株式会社知覧俊郎事務所
組　版●有限会社加東
印刷・製本●大村紙業株式会社

※定価は表紙に表示してあります